Informatik aktuell

Herausgegeben im Auftrag der Gesellschaft für Informatik (GI)

Wolfgang A. Halang
Herwig Unger (Hrsg.)

Industrie 4.0
und Echtzeit

Echtzeit 2014

Fachtagung des gemeinsamen Fachausschusses
Echtzeitsysteme von
Gesellschaft für Informatik e.V. (GI),
VDI/VDE-Gesellschaft für Mess- und Automatisierungs-
technik (GMA) und
Informationstechnischer Gesellschaft im VDE (ITG)
Boppard, 20. und 21. November 2014

GESELLSCHAFT FÜR INFORMATIK E.V.

  VDI/VDE-Gesellschaft
Mess- und Automatisierungstechnik

ITG **INFORMATIONSTECHNISCHE GESELLSCHAFT IM VDE**

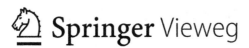

Herausgeber

Wolfgang A. Halang
Lehrstuhl für Informationstechnik
Fernuniversität in Hagen
Deutschland

Herwig Unger
Lehrstuhl für Kommunikationsnetze
Fernuniversität in Hagen
Deutschland

CR Subject Classification (2001): C3, D.4.7

ISSN 1431-472X

ISBN 978-3-662-45108-3   ISBN 978-3-662-45109-0 (eBook)
DOI 10.1007/978-3-662-45109-0

Die Deutsche Nationalbibliothek verzeichnet diese Publikation in der Deutschen Nationalbibliografie; detaillierte bibliografische Daten sind im Internet über http://dnb.d-nb.de abrufbar.

Springer Vieweg

© Springer-Verlag Berlin Heidelberg 2014

Springer Vieweg ist eine Marke von Springer DE.

Springer DE ist Teil der Fachverlagsgruppe Springer Science+Business Media

www.springer-vieweg.de

Vorwort

„Industrie 4.0" ist in aller Munde und wird heftig diskutiert. Deshalb hat das Programmkomitee die diesjährige Fachtagung Echtzeit unter das Leitmotiv „Industrie 4.0 und Echtzeit" gestellt. Aber was bedeutet dieser schillernde Begriff überhaupt? Der Lenkungskreis Plattform Industrie 4.0 gibt sich vollmundig:

> „Der Begriff Industrie 4.0 steht für die vierte industrielle Revolution."

Ein solcher Anspruch ist sicher vermessen und unseriös, denn „bemerkenswert ist die Tatsache, dass erstmalig eine industrielle Revolution ausgerufen wird, noch bevor sie stattgefunden hat"[1]. Das emotional aufgeladene Konzept Industrie 4.0 wird mit Heilserwartungen verknüpft und in vielfältigster Weise interpretiert, weil es an einer wissenschaftlich exakten Definition mangelt. Das Bundesministerium für Bildung und Forschung (BMBF) umreißt grob, worum es gehen soll[2]:

> „Die realen Abläufe und ihre Steuerung und Optimierung durch virtuelle IT-gestützte Prozesse werden derzeit durch ein technisches Bindeglied verkoppelt: Der Einbau vernetzter, leistungsfähiger eingebetteter Systeme – so genannter Cyber-Physical Systems – in viele Alltagsgegenstände stellt die direkte Verbindung von realer Welt mit intelligenten Steuerungsprozessen im so genannten Internet der Dinge und Dienste her. ... In der Industrie ermöglicht diese verteilte, aber vernetzte Intelligenz bessere Monitoring- und autonome Entscheidungsprozesse, um Unternehmen und ganze Wertschöpfungsnetzwerke in *nahezu Echtzeit* steuern und optimieren zu können. Möglich werden damit individualisierte Produkte zu den Bedingungen einer hoch flexiblen Großserienproduktion."

Die in diesem Zitat enthaltenen und für den GI/GMA/ITG-Fachausschuss Echtzeitsysteme relevanten Termini sind Echtzeit sowie eingebettete und cyber-physikalische Systeme. Der letztgenannte Begriff ist zwar recht neu, damit bezeichnete Systeme sind aber in der Automatisierungstechnik seit rund vier Jahrzehnten gang und gäbe, und im Echtzeitbetrieb arbeitende, in Messanlagen „eingebettete" digitale Datenverarbeitungssysteme gibt es sogar bereits seit 70 Jahren[3]. Während das Hauptaugenmerk des Fachausschusses auf Systeme mit harten Echtzeitbedingungen, die darüber hinaus oft auch noch sicherheitskritisch sind, gerichtet ist, stellen im Rahmen von Industrie 4.0 zu entwickelnde Systeme nach der Aussage des BMBF nur weiche Echtzeitanforderungen.

Somit stehen auch aus Sicht der Echtzeitsysteme alle Informations- und Kommunikationstechniken zur Verfügung, die für Industrie 4.0 gebraucht werden. „... Jetzt gilt es (nur), diese Technologien für die Industrie zu erschließen"[1].

---

[1] R. Drath: Industrie 4.0 – eine Einführung. *open automation*, 3/14, 16–21, 2014

[2] http://www.bmbf.de/de/9072.php

[3] K. Zuse: Vorwort zu *Constructing Predictable Real Time Systems* von W.A. Halang und A.D. Stoyenko, Boston-Dordrecht-London: Kluwer Academic Publishers 1991

Dass es sich aus der Echtzeitperspektive bei Industrie 4.0 nicht um die vierte industrielle Revolution, sondern einen „alten Hut" handelt, mag auch erklären, warum nur recht wenige Beiträge zu diesem Leitmotiv eingereicht wurden. Diese beschäftigen sich mit der semantischen Integration von Feldgerätedaten im Rahmen durchgängiger Fabrikvernetzung, der Organisation kollaborativer Fertigung eines Produkts mittels eines Multiagentensystems zur Vernetzung der durchaus unterschiedlichen Steuerungssysteme der beteiligten Maschinen mit dem Ziel, die Losgröße eins zu erreichen, sowie der Genauigkeit der bei der automatischen Umkonfiguration flexibler Produktionssysteme erforderlichen zeitlichen Synchronisation verteilter Steuerungen. Die im Zuge von Industrie 4.0 geplante vollständige Vernetzung wird zu enormen informationellen Sicherheitsproblemen führen. Deshalb ist ein Beitrag ihrer Lösung hinsichtlich Gewährleistung der Übertragungssicherheit in der mobilen Steuerungs- und Überwachungstechnik unter Echtzeitbedingungen und ein anderer dem Schutzaspekt durch Authentisierung und Autorisierung in der Logistik und im Gesundheitswesen gewidmet.

Als aktuelle Anwendungen werden eine als Knoten in Sensornetzen verwendbare Komponente für selbständig ausgeführte Fluoreszenzmessungen sowie eine auf Tablet-PCs laufende Geschwindigkeitsregelung beschrieben, mit der das Echtzeitverhalten des Betriebssystems Android in Verbindung mit Drahtlosübertragung für Einsatzmöglichkeiten in Automobilen untersucht wird.

Eine modulare und erweiterbare Plattform erlaubt echtzeitfähige Simulation verschiedenster Sensoren mit unterschiedlichen digitalen Schnittstellen in Test- und Entwicklungssystemen für Steuergeräte. Um in solchen Umgebungen gemessene Werte verschiedener Signalquellen zeitlich zu synchronisieren, werden neue Ansätze vorgestellt. Der Simulation unmittelbar zugänglich werden auch im Echtzeitbereich immer häufiger zur Software-Spezifikation eingesetzte UML-Beschreibungen durch automatische Übersetzung in Simulink-Modelle.

Die Programmierumgebung OpenPEARL90 ist gedacht, PEARL insbesondere für Ausbildungszwecke unter Linux zur freien Verfügung zu stellen. Sie nimmt eine Zwischenübersetzung nach C++ vor und ihr Laufzeitsystem bietet umfassende Ein-/Ausgabemöglichkeiten sowie eine offene Treiberschnittstelle. Um die Erstellung hoch verläßlicher und verifizierbarer Software für sicherheitskritische Anwendungen zu unterstützen, wurde eine erweiterte Teilmenge von PEARL definiert, die den Sicherheitsanforderungen der Stufe SIL 3 gemäß IEC 61508 genügt und die in die nächste Version der PEARL-Norm eingehen wird.

Frau Dipl.-Ing. Jutta Düring sei ganz herzlich für die überaus sorgfältige Überarbeitung der eingegangenen Texte sowie die schöne Gestaltung des Tagungsbandes und dem Springer-Verlag für die verbesserten Konditionen zu seiner Publikation gedankt. Ganz besonderer Dank gebührt in diesem Jubiläumsjahr Konrad Zuse, der vor 70 Jahren en passant die Echtzeitsysteme erfunden hat.

Hagen, im August 2014   Wolfgang A. Halang
                                                                  Herwig Unger

Inhaltsverzeichnis

Aktuelle Anwendungen

Zeitsynchronisation von Echtzeitmessungen verschiedener Signalquellen für Hardware-in-the-Loop-Testverfahren

Florian Spiteller und Kristian Trenkel

iSyst Intelligente Systeme GmbH
90411 Nürnberg
{florian.spiteller|kristian.trenkel}@isyst.de

Zusammenfassung. Dieser Beitrag stellt verschiedene Synchronisationsmöglichkeiten für Echtzeitmessungen in einem Steuergeräte-Test vor. Zunächst wird das, in der Automobilindustrie etablierte, Hardware-in-the-Loop-Verfahren sowie die für den Test notwendigen Messarten erläutert. Davon abgeleitet werden die durch unterschiedliche Zeitbasen entstehenden Herausforderungen. Vorgestellte und diskutierte Lösungsansätze sind die Messung unterschiedlicher Signalquellen mit einer gemeinsamen Zeitachse, das Einbringen von Statussignalen in vorhandene Messkanäle sowie die Nutzung nicht relevanter, aber messbarer Größen als Synchronisationssignale. Durch ein reales Praxisbeispiel wird sowohl die Umsetzbarkeit gezeigt als auch die gewonnenen Erfahrungen dargelegt.

1 Einleitung

Durch den Einsatz eingebetteter Systeme für sicherheitskritische Anwendungen, beispielsweise im Automobilbereich, ergibt sich die Forderung nach fortschrittlichen Testmethoden. Nur so kann die gewünschte Funktionalität sicher verifiziert werden. Dabei gehört zu einer korrekten Funktion, neben der richtigen Reaktion auf ein Ereignis, auch die rechtzeitige Reaktion auf dieses. Für den Test eines eingebetteten Systems, beispielsweise eines Automobil-Steuergerätes, ist es daher nötig, unter Echtzeitbedingungen sowohl den Eintritt eines Ereignisses (z.B. hohe Beschleunigungskräfte in Folge eines Unfalls), die interne Verarbeitung (Berechnung der Unfallschwere, Entscheidung zum Auslösen des Airbags) und die externe Reaktion (Signal zum Auslösen des Airbags) zu messen. Die Messdaten können anschließend ausgewertet und bewertet werden.

Das gerade in der Automobilindustrie häufig verwendete Hardware-in-the-Loop-Testverfahren (HIL) erlaubt es dabei, die Umgebung des zu testenden Steuergerätes und damit auch beliebige Fahrsituationen zu simulieren. Der Test des Steuergerätes kann so bereits parallel mit der Entwicklung beginnen, da die für eine korrekte Funktion benötigten und noch nicht real vorhandenen Gesamtsystemkomponenten (z.B. Partnersteuergeräte, Sensoren) modelliert und anschließend simuliert werden können. Durch die synthetische Umgebung können die

Randbedingungen eines Tests beliebig oft exakt reproduziert werden, wodurch sich Änderungen in der Software isoliert prüfen lassen. Das Umgebungsmodell wird graphisch mithilfe von MATLAB®/Simulink® modelliert und anschließend automatisiert in optimierten Code für das verwendete Echtzeitsystem (beispielsweise ein dSPACE Rechner). Wahlweise kann der HIL-Simulator durch reale Komponenten, wie zum Beispiel Sensoren und Aktoren, ergänzt werden. Abbildung 1 zeigt den schematischen Aufbau eines HIL-Testsystems.

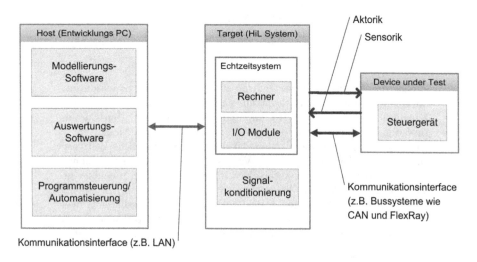

Abb. 1. Schematische Darstellung eines HIL-Testsystems

2   Messen und Testen

Je nach Anwendungsfall und zu testendem Steuergerät ist es nötig, gleichzeitig Signale aus verschiedenen Quellen mit hoher zeitlicher Auflösung zu erfassen. Anhand von vier unterschiedlichen Signalquellen, wie sie auch in einem typischen HIL-Steuergerätetest vorkommen, werden in folgendem Abschnitt die verschiedenen Messmöglichkeiten und ihre jeweiligen Eigenheiten näher erläutert. Auch die Notwendigkeit für eine Echtzeitmessung wird dargestellt.

Aus den Erfahrungen der Praxis und den gegebenen Anforderungen lassen sich Rückschlüsse auf die benötigte Messgenauigkeit ziehen. Übliche Reaktionszeiten liegen zwischen $10\,ms$ und $100\,ms$. Die Messung des Testablaufes sollte mindestens doppelt so schnell erfolgen können.

Bussysteme Moderne Automotive-Steuergeräte kommunizieren über ein oder mehrere Bussysteme, beispielsweise den CAN- oder FlexRay-Bus. Vereinfacht dargestellt erfolgt die Kommunikation dabei über zyklische Sende- und Empfangsbotschaften, denen jeweils eine gewisse Anzahl an Signalen zugeordnet ist. Das

Steuergerät muss also sowohl externe Signale verarbeiten als auch Informationen für andere, an dem selben Bus angeschlossene, Steuergeräte senden.

Aus Sicht eines Softwaretesters interessant ist dabei neben der korrekten Übertragung der Werte auch die benötigte Zeitdauer, gerade im Fall von übertragenen Fehlerwerten. Moderne Softwaretools, beispielsweise CANalyzer®, erlauben es, die Buskommunikation zu überwachen und aufzuzeichnen.

Sensorik Neben den empfangenen Busdaten dienen Werte von direkt an das Steuergerät angeschlossenen Sensoren häufig als weitere Eingangsgröße für den Funktionsalgorithmus. Dies können beispielsweise Sensoren für Temperatur, Beschleunigung oder die Einfedertiefe eines Rades sein. Auch das Betätigen eines Schalters durch den Fahrer (z.B. das Öffnen eines Fensters) zählt zur Sensorik.

Zur Verifikation der korrekten Funktionalität ist die zeitliche Reaktion auf die sich ändernden Sensorsignale zu überprüfen. Die Messung unterscheidet sich dabei je nachdem ob der jeweilige Sensor real vorhanden oder Teil des Simulationsmodelles ist. Für letzteren Fall lassen sich die Sensorwerte durch Parametrisierung des Umgebungsmodells direkt aus der Testumgebung ändern, der Zeitpunkt der Änderung ist somit im Echtzeitmodell bekannt. Reale Sensoren müssen über Hilfsmittel wie z.B. einen Stellmotor oder eine Temperaturkammer stimuliert werden, dies erhöht die Komplexität sowohl im Bezug auf das Vorgeben eines genauen Wertes als auch auf die Ermittlung des exakten Zeitpunktes zu dem der geänderte Wert vorgegeben wurde.

Aktorik Steuergeräte mit angeschlossener Aktorik (z.B. der Motor eines Fensterhebers) regeln diese entsprechend ihres Funktionsalgorithmus unter Berücksichtigung der relevanten Eingangswerte.

Getestet werden muss auch hier die korrekte, d.h. richtige und rechtzeitige Funktionalität. Gemessen wird dabei ein zu stellender Strom oder eine zu stellende Spannung über eigene, im HIL-System verbaute Messkarten. Die Werte stehen anschließend in dem Echtzeitmodell und darüber in der Testumgebung zur Verfügung.

Systeminterne Werte Neben der Vorgabe und Messung von extern zugänglichen Signalen (Blackbox-Test) können auch Steuergeräte-interne Variablen gesetzt und gelesen werden (Whitebox-Test). Der eigentliche Programmcode der Software wird dafür mit einem speziellen Treiber erweitert, um mit Hilfe des XCP-Protokolls [1] auf die internen Variablen sowohl lesend als auch schreibend zugreifen zu können. Dies geschieht mit Hilfe des Tools CANape®. Neben der Kontrolle der internen Abläufe (z.B. durch die Überprüfung von Zustandsvariablen) können auch gezielt spezielle Zustände angeregt werden.

3   Unterschiedliche Zeitbasen

Durch die in Kapitel 1 gezeigte Architektur des HIL-Systems und die in Kapitel 2 dargelegten zu messenden Signalquellen ergeben sich verschiedene, nicht synchrone Zeitbasen. Die parallelen Abläufe lassen sich dabei wie folgt einteilen:

- Ablauf des Testskriptes (bei üblicherweise voll automatisierten Tests)
- Ablauf der Simulation (Umgebungsmodell auf dem Echtzeitrechner)
- Abläufe im Steuergerät (die zu testende Software, oft mehrere parallele Zeitscheiben)
- Ablauf der jeweiligen Messung bzw. Messungen

Abbildung 2 verdeutlicht die in einem, sogar vergleichsweise einfachen Test, vorkommenden, unterschiedlichen zeitlichen Bezugssysteme.

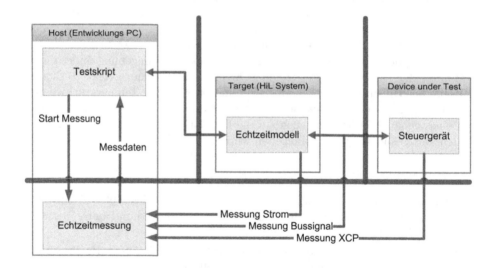

Abb. 2. Darstellung getrennter Bezugssysteme

Der Test von Steuergeräten erfordert häufig die Analyse von Ereignissen, die alle oben genannten Zeitbasen durchlaufen. Ein typischer Testschritt könnte beispielsweise folgenden zeitlichen Ablauf haben, dargestellt am Beispiel Reaktion auf ein am Kommunikationsbus empfangenes Signal:

1. Parametrisierung der Umgebungssimulation (durch das Testskript) für das Senden eines geänderten Signalwertes an das Steuergerät.
2. Das Umgebungsmodell auf dem Echtzeitrechner generiert den Botschaftsinhalt und schreibt diesen in den Sendepuffer der Kommunikationshardware.
3. Im nächsten Sendezyklus (10 ms) wird die neue Botschaft auf dem Bus geschickt.

4. Das Steuergerät empfängt die Botschaft (1 ms Zeitscheibe), wertet den Inhalt aus (5 ms Zeitscheibe) und triggert als Reaktion einen geänderten Sollstrom (2 ms Zeitscheibe) an einem der Aktoren und schaltet zusätzlich in einen bestimmten internen Betriebszustand (10 ms Zeitscheibe).

5. Der geänderte Strom wird von der Analogmesskarte des HIL-Systems gemessen und steht im Echtzeitmodell zur Verfügung.

6. Der Stromwert wird von dem Testskript aus dem Echtzeitmodell gelesen und bewertet.

7. Das Testskript liest über das XCP-Protokoll die interne Zustandsvariable aus.

Das gewählte Beispiel zeigt die Vielzahl an nötigen Schritten des Testablaufes. Die zu verifizierende Anforderung schreibt häufig eine maximale Zeitdauer zwischen Eintritt des Ereignisses (geändertes Signal auf dem Bus) und der gewünschten Reaktion (gestellter Strom am Aktor) vor. Aus Sicht des Testers beziehungsweise des Testskriptes bei einem automatisiertem Test ergeben sich folgende Unsicherheiten in Hinblick auf eine präzise Aussage über den zeitlichen Verlauf von Aktion zu Reaktion:

— Die Zeitdauer ab der Vorgabe des Signalwertes bis zum Sendezeitpunkt auf dem Bus kann nicht exakt bestimmt werden. Dies liegt einerseits in der Natur der zyklischen Übertragung und der nicht vorhandenen Synchronisation zwischen geänderter Vorgabe und Sendezyklus. Weitere mögliche Verzögerungen entstehen durch die Kommunikation des Testskriptes mit dem Echtzeitmodell, durch die Verarbeitung innerhalb des Modelles und dem aktuellen Inhalt des Sendepuffers.

— Die kontinuierliche Messung des Stromwertes zur Erkennung einer Änderung verwendet andere Zeitstempel als das Testskript (Messung erfolgt über das Echtzeitmodell).

— Die Messung der internen Zustandsvariable steht nicht in direktem Bezug zum Eintritt des Ereignisses (geänderter Signalwert auf dem Bus). Es lässt sich zwar einfach eine Aussage darüber treffen, ob die Variable den richtigen Wert angenommen hat, nicht aber, ob sie den Wert auch rechtzeitig angenommen hat.

Um einen möglichst präzisen Test zu ermöglichen, müssen zwei Hindernisse überwunden werden. Zum einen ist eine genaue Abschätzung der Zeitverluste durch den Testablauf und die Teststeuerung notwendig. Zur Einordnung der späteren Testergebnisse berechnet man hierfür sowohl den theoretisch minimalen (Best Case) als auch maximalen (Worst Case) Zeitverlust. In die Berechnung gehen dabei auch empirisch ermittelte Werte mit ein. Andererseits ist es notwendig, die Zeitstempel der verschiedenen Abläufe in Bezug zu einander zu stellen, also eine Synchronisation zwischen den einzelnen Zeitbasen herzustellen. Möglichkeiten hierfür sollen in diesem Beitrag aufgezeigt werden.

4   Synchronisationsmechanismen für Echtzeitmessungen

Statt einer Synchronisierung verschiedener, paralleler Messungen wird bisher häufig lediglich der durch die nicht vorhandene gemeinsame Zeitbasis entstehende Fehler abgeschätzt und das Ergebnis dadurch entsprechend ungenau. Im Extremfall kann eine belastbare Aussage nur noch bezüglich der Korrektheit der Signalwerte, nicht aber bezüglich der zeitlichen Vorgaben getroffen werden. In diesem Abschnitt werden drei Lösungsansätze für die in Kapitel 3 näher erläuterte Problemstellung aufgezeigt.

4.1   Messung unterschiedlicher Signalquellen mit einer gemeinsamen Zeitachse

Teilweise ist es möglich, auch Signale aus verschiedenen Quellen in einer Messung zu erfassen und so direkt eine gemeinsame Zeitachse zu erhalten. Geeignete Toolketten erlauben es beispielsweise, gleichzeitig interne Steuergeräte-Variablen (über das XCP Protokoll) und Signale des Restbusses (über CAN oder FlexRay) zu messen. Die Transportschicht der XCP Daten ist dabei ebenfalls eines der verwendeten Bussysteme. Gestartet wird die eigentliche Messung in diesem Fall vor den relevanten Testschritten und läuft parallel zu diesen ab. Ein Vorteil dieser Methode ist die vergleichsweise einfache Umsetzbarkeit, da keine weiteren Hilfsmittel benötigt werden. Abbildung 3 zeigt ein sich änderndes Bussignal (untere Linie) und die Reaktion der intern gemessenen Statusvariable (obere Linie). Die gemeinsame Zeitachse ermöglicht nun eine direkte zeitliche Auswertung der Fehlerreaktion.

Da die eigentliche Synchronisation innerhalb der verwendeten Messsoftware erfolgt, fällt es allerdings schwer, eine genaue Abschätzung über den vorhandenen Restfehler zu treffen. Erfahrungen zeigen, dass eine Genauigkeit von ± 5 ms erreicht werden kann.

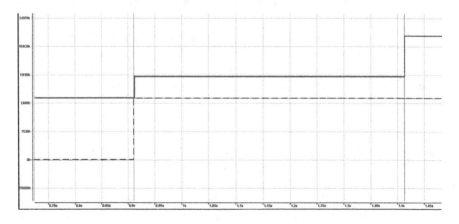

Abb. 3. Messung eines Bus- und XCP Signals

4.2 Einbringen von Statussignalen in vorhandene Messkanäle

Häufig werden Fehlerzustände durch das Schalten von Relais angelegt. Der genaue Schaltzeitpunkt lässt sich daher nicht einfach in einer Messung erfassen. Eigenentwickelte Relaiskarten, die über den CAN Bus sowohl angesteuert werden als auch Rückmeldung über die Schaltvorgänge geben, erlauben es, den Zeitpunkt, ab dem ein Fehler anliegt, in der Messung zu erfassen. Um einen möglichst geringen Zeitversatz zu erreichen, wird dabei ein dedizierter CAN Bus mit Event-basierter Triggerung verwendet. Bei der Entwicklung der Karte wurde weiter auf eine schnelle interne Verarbeitung des zu schaltenden Zustandes Wert gelegt. Dies wurde mit Hilfe eines Oszilloskopes überprüft; Abbildung 4 zeigt, dass Schaltzeiten $< 2\,ms$ erreicht werden können. Durch diese Art der Ansteuerung kann, auch für das Anlegen eines elektrischen Fehlzustandes, die Möglichkeit geschaffen werden, parallel zu den internen Statusvariablen ein Bussignal zu messen (vgl. Kapitel 4.1) und so eine Synchronisation zwischen der Zeitbasis des Echtzeitmodells und der Zeitbasis des Steuergerätes hergestellt werden.

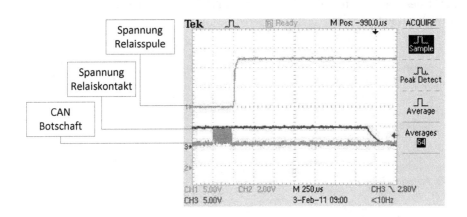

Abb. 4. Messung der Schaltzeiten bei Fehlerinjektion

4.3 Nutzung nicht relevanter, aber messbarer Größen als Synchronisationssignale

Kann eine Messung nur mit Signalen aus einer Quelle erfolgen, können externe Ereignisse durch das zeitnahe Verändern eines für die Messung an sich nicht relevanten Signales in zeitlichen Bezug gesetzt werden. Beispielsweise kann zeitgleich mit dem Anlegen eines Fehlers ein Spannungswert so geändert werden, dass im Steuergerät sowohl die Fehlerreaktion als auch die Veränderung der Spannung gemessen werden kann. Dabei sind auch mehrere unterschiedliche Spannungswerte möglich, um einen komplexen Testablauf mit der zu messenden Steuergeräte-Reaktionen zu synchronisieren. Das beschriebene Vorgehen wird in Abbildung 5 verdeutlicht. Unmittelbar vor und auch nach dem Anlegen des Fehlers wird durch das Testskipt auch die Spannung des Analogsignals geändert. Da der gewählte Wert durch das Steuergerät eingelesen wird, steht der Signalpegel in einer internen messbaren Variable zur Verfügung. Dieser Wert kann nun zusammen mit dem Wert der Statusvariable (die anzeigt, ob und wann der eigentliche Fehler erkannt wurde) gemessen werden. Die Zeit ab dem aktiven Fehler bis zur Fehlerreaktion ergibt sich durch die Differenz des Zeitstempels der Änderung der Statusvariable zum Zeitstempel der zweiten Änderung des Analogsignals (Schritt 3). Die Messungenauigkeit, in diesem Fall die Zeitspanne, bis der Fehler wirklich angelegt wurde, ergibt sich wiederum aus der Differenz der Zeitstempel von Schritt 3 und Schritt 2.

Voraussetzung für dieses Synchronisationsverfahren ist einerseits die Existenz eines geeigneten Analogsignales (mit Einschränkungen sind auch Digitalsignale nutzbar), welches durch das HIL-System geändert und von dem Steuergerät eingelesen werden kann. Andererseits muss sichergestellt sein, dass die Funktionalität des verwendeten Signaleinganges am Steuergerät bereits qualifiziert, also ausreichend getestet ist.

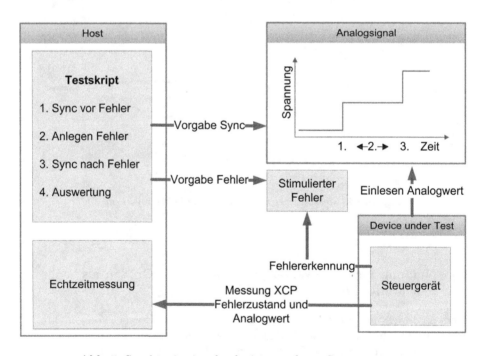

Abb. 5. Synchronisation durch einen analogen Spannungswert

5   Anwendungsbeispiel: Test eines Steuergerätes für elektrisch geregelte Dämpfer

Zur Verdeutlichung der in Kapitel 4 dargestellten Verfahren soll deren Anwendung in einem realen Entwicklungsprojekt gezeigt werden. Das zu testende Steuergerät hat in dem gewählten Anwendungsbeispiel die Aufgabe, Luftfedern und Dämpfer eines PKWs elektrisch zu regeln, um so durch einen stets optimalen Kontakt der Räder zur Straße sowohl einen Komfort- als auch Sicherheitsgewinn zu erzielen [2]. Nachfolgend werden einige für diesen Beitrag relevante Testbereiche näher beschrieben.

Test der Buskommunikation Das Steuergerät kommuniziert sowohl über den CAN- als auch den FlexRay-Bus, die Software ist aufgeteilt in eine Basis- und mehrere Funktionskomponente und basiert auf der AUTOSAR Architektur [3]. Die Bustests gliedern sich in RX- (HIL-System schickt, Steuergerät empfängt) und TX-Tests (Steuergerät schickt, HIL-System empfängt). Im Folgenden soll lediglich der RX Fall betrachtet werden. Zu Testen ist die Reaktion des Steuergerätes bei Empfang eines Signal-Fehlerwertes. Um eine möglichst genaue Aussage über die Zeitspanne zwischen Anliegen des Fehlers und der internen Reaktion zu bekommen, wird, wie in Kapitel 4.1 beschrieben, in nur einer Echtzeitmessung sowohl die internen Zustandsvariablen als auch der Signalwert auf dem Bus betrachtet. Die Messung beginnt daher schon vor der Fehlerstimulierung und läuft parallel zu den folgenden Programmschritten des Testskriptes. Die empirisch ermittelte restliche Messungenauigkeit beträgt $< 5\,ms$.

Fehlererkennung Aktorik Eventuell auftretende elektrische Fehler der am Steuergerät angeschlossenen Dämpfer müssen erkannt und die Funktion der Fahrwerksregelung eingeschränkt werden. Die Zeiten ab Anliegen des Fehlers bis zur Fehlerqualifizierung und -behandlung sind dabei vorgegeben. Verwendet werden reale Lasten, in dem HIL-System sind also die selben Dämpfer verbaut wie später auch im Auto. Geschaltet werden die Fehler über Relaiskarten, diese werden über CAN-Botschaften aus dem Echtzeitmodell gesteuert. Der auf den Relaiskarten verbaute Mikrocontroller schickt dabei nach erfolgtem Schaltvorgang eine Statusbotschaft zurück an die Simulation, dies erfolgt nahezu in Echtzeit. Diese Botschaft wird nun, wie in Kapitel 4.2 beschrieben, parallel zu den internen Statusvariablen gemessen.

Im konkreten Testfall wird ein Kurzschluss zwischen dem HighSide-Anschluss des Dämpfers und der Batteriespannung erzeugt, d.h. über die Relaiskarte geschaltet. Gerade auf Grund des mitunter sehr hohen Kurzschlussstroms ist die zeitliche Vorgabe zur Erkennung des Fehlers und dem Abschalten des betroffenen Dämpfers unbedingt einzuhalten. Dies lässt sich mit der vorgestellten Methode sicher prüfen, die Messungenauigkeit liegt auch hier bei $< 5\,ms$.

Sicherer Zustand Aktorik Im Falle eines schwerwiegenden Fehlers muss die Dämpferregelung abgeschaltet werden, um einen sicheren Systemzustand zu erreichen. Hierfür ist eine maximale Zeitdauer vorgegeben, die verifiziert werden muss. Das Abschalten der Dämpfer kann sowohl über die im HIL-System verbaute Strommesskarte (Stromaufnahme $0\,A$) als auch über interne Zustandsvariablen detektiert werden. In bestimmten Fällen kann der genaue Zeitpunkt über den Beginn des Fehlerzustandes nicht über ein Bussignal mitgemessen werden, verwendet wird hierbei stattdessen analog zu Kapitel 4.3 ein für den Test nicht relevantes Analogsignal, welches vom Steuergerät eingelesen wird. Das Testskript setzt nun in unmittelbarer Abfolge erst einen bestimmten Spannungswert und anschließend den Fehlerzustand. Die parallel ablaufende Messung kann nun gleichzeitig den Wert der internen Zustandsvariable als auch den sich ändernden Spannungswert messen. Berechnet man nun die Differenz zwischen der Änderung der eingelesenen Spannung und der Zustandsvariable, kann eine hinreichend genaue Aussage über die Dauer der Systemreaktion, also dem Abschalten des fehlerhaften Dämpfers, getroffen werden. Die ermittelte Messungenauigkeit beträgt $\pm 10\,ms$.

6   Ausblick

Die in Zukunft weiter steigende Funktionsvielfalt in modernen Fahrzeugen, gerade im Bereich von sicherheitsrelevanten Fahrassistenzsystemen sowie Systemen für autonomes Fahren, wird auch die Nachfrage nach belastbaren Testverfahren weiter ansteigen lassen. Diese Testverfahren müssen den gesteigerten Ansprüchen an Rechenleistung (Geschwindigkeit) der Steuergeräte Rechnung tragen. Es ist weiter zu erwarten, dass auch die im Fahrzeug verbauten Bussysteme immer schneller werden, die Einführung von Ethernet im Auto steht beispielsweise kurz bevor. Der Echtzeitrechner eines HIL-Testsystems muss daher in Zukunft immer strengere Echtzeitkriterien erfüllen, um ein reales Abbild der Steuergeräte-Umgebung simulieren zu können.

Literaturverzeichnis

1. ASAM MCD-1 XCP
   `https://wiki.asam.net/display/STANDARDS/ASAM+MCD-1+XCP`
   Abgerufen am 14.07.2014
2. Fahrwerkselektronik für optimiertes Handling und höheren Komfort
   `http://www.conti-online.com/www/automotive_de_de/themes/`
   `passenger_cars/chassis_safety/ved/fahrwerkselektronik_de.html?`
   `page=2`
   Abgerufen am 14.07.2014
3. AUTOSAR Specifications
   `http://www.autosar.org/index.php?p=3&up=0&uup=0&uuup=0`
   Abgerufen am 14.07.2014

Plug and Work für verteilte Echtzeitsysteme mit Zeitsynchronisation

Sebastian Schriegel, Jürgen Jasperneite und Oliver Niggemann

Fraunhofer-Anwendungszentrum Industrial Automation IOSB-INA
32657 Lemgo
{sebastian.schriegel|juergen.jasperneite|oliver.niggemann}
@iosb-ina.fraunhofer.de

Zusammenfassung. Die in der industriellen Automation verwendeten Echtzeitsysteme zeichnen sich heute durch einen hohen Aufwand an manueller Konfiguration aus. Industrie 4.0 beschreibt hingegen flexible Produktionssysteme, die schnell und einfach umgebaut und an neue Anforderungen angepasst werden können. Hier sollen in Zukunft automatische Konfigurationstechnologien Basis für adaptive Echtzeitsysteme und somit für wandlungsfähige Produktionssysteme sein, was auch als Plug and Work bezeichnet wird. Für die Konfiguration von Echtzeitanwendungen wie z.B. Motion Control ist unter anderem die Zeitsynchronisationsgenauigkeit von Bedeutung. Es entsteht die Frage, wie Genauigkeit eines verteilten Systems automatisch, also Plug-and-Work-fähig, bestimmt werden kann. Ein neuer Ansatz ist eine adaptive Ungenauigkeitsbestimmung auf Basis intelligenter Netzwerkknoten, welche Parameter wie Zeitsignaljitter und Oszillatorstabilität selbständig messen und zur Parametrisierung von Gerätemodellen, welche die Synchronisationscharakteristik beschreiben, nutzen. Die Modelle werden dann zur Bestimmung der in dem jeweiligen aktuellen Arbeitspunkten erzeugten Ungenauigkeiten verwendet.

1 Einleitung

Industrie 4.0 und dessen internationale Entsprechung Cyber Physical Production System (CPPS) stehen für eine neue Generation von Produktionssystemen, welche sich durch Adaptivität, Effizienz und Ergonomie auszeichnen. Adaptivität für Produktionssysteme bedeutet, dass diese schnell und einfach auf neue Anforderungen, wie z.B. neue Produkte oder Produktvarianten, angepasst werden können [1]. Heutige in der industriellen Automation verwendete Echtzeitsysteme zeichnen sich aber durch einen hohen Aufwand an manueller Konfiguration aus [1]. Hier sollen in Zukunft automatische Konfigurationstechnologien Basis für adaptive Echtzeitsysteme und somit für wandlungsfähige Produktionssysteme sein [2]. In Anlehnung an die Bezeichnung Plug and Play für Autokonfigurationstechnologien aus der Büro-IT (automatische Vergabe von IP-Adressen mit DHCP oder Selbstbeschreibung der Funktionsressource von USB-Geräten) spricht man in der Produktionsautomation auch von Plug and Work [2]. Abbildung 1 zeigt, wie zwei Produktionsprozesse verbunden werden. Neben der physikalischen Prozesskopplung müssen die Applikation bzw. das Steuerungsprogramm sowie die Echtzeitkommunikation inklusive der Zeitsynchronisation konfiguriert werden.

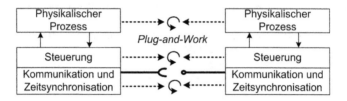

Abb. 1. Plug and Work: Kommunikation und Applikation müssen konfiguriert werden

In diesem Beitrag liegt der Fokus auf hochgenauer Zeitsynchronisation in Kombination mit Plug and Work. Im Laufe des Einzuges von Echtzeit-Ethernet in die Automatisierungstechnik sind neben Zeitsynchronisationsprotokollen der IEEE wie NTP (Network Time Protocol) und PTP (Precision Time Protocol) viele, meist Kommunikationsprofil-spezifische Derivate wie PTCP (PROFINET IRT), DC (Distributed Clocks, EtherCAT) oder CipSync (Ethernet/IP) entstanden. Alle Protokolle haben gemeinsam, dass verteilte Uhren (Slave Clocks) auf Masteruhren (sog. Grandmaster Clocks GM) über ein Kommunikationsnetz synchronisiert werden. In Verbindung mit Plug and Work entstehen für die Zeitsynchronisation drei Fragen [3]:

1. *Welche Zeitquelle bzw. welcher Zeitmaster (GM) ist der richtige?*
2. *Wie genau ist die Zeitsynchronisation?*
3. *Wie muss die verteilte, zeitsynchronisierte Applikation konfiguriert werden?*

Für die automatische Auswahl des Zeitmaster stehen Technologien wie z.B. der BMCA (Best Master Clock Algorithm) [4] zur Verfügung. Die Bestimmung der Zeitsynchronisationsgenauigkeit ist dagegen ein großes Problem, da sie vielen Einflussfaktoren unterliegt. Diese sind die Leistungsfähigkeit der Komponenten (Qualität der Taktquelle, Zeitstempelauflösung, Filter, Zeitregler, usw.), die Netzwerktopologie (jede Netzwerkkomponente vergrößert die Ungenauigkeit der Zeitinformationen) und die Betriebsbedingungen (Temperatur, Netzlast, usw.) des Kommunikationssystems [5]. Für Systeme wie z.B. PROFINET oder Ether-CAT werden heute teilweise Zeitsynchronisationsgenauigkeitsgarantien durch Systemhersteller gegeben [6, 9], die unter Einhaltung definierter Installationsrichtlinien (Topologie), dem Einsatz speziell qualifizierter Komponenten und definierten Betriebsbedingungen gelten [7]. Die garantierte Leistung wird dabei nicht skaliert und liegt in vielen Applikation weit unter der tatsächlichen Leistung. Dieses Leistungspotential kann für die Applikationen entsprechend nicht genutzt werden. Andere Applikationen können aufgrund der definierten Systemgrenzen gar nicht realisiert werden. Plug and Work kann unter einer automatischen Prüfung und Einhaltung nur innerhalb der Systemgrenzen genutzt werden.

Für eine frei skalierbare Vernetzung (Netzwerktopologie, übertragungsmedien, Leistung eingesetzter Komponenten, Betriebsbedingungen, usw.) ist eine spezifische Bestimmung der Zeitsynchronisationsgenauigkeit erforderlich. Diese Bestimmung der Zeitsynchronisationsgenauigkeit kann an der realen Netzwerktopologie mit einem Oszilloskop durch Messung oder durch Simulationstechnik erfolgen. Beide Ansätze sind in dieser Form für Plug and Work aber unbrauchbar, da die Methoden menschlichen Eingriff erfordern. Es besteht weiterhin eine Vielzahl an Arbeiten und Geräten, welche die Synchronisationsleistung von Komponenten [7,8] bestimmen. Dies hilft bei der automatischen Bewertung eines Synchronisationspfades im Sinne eines Plug and Work aber auch nicht weiter, da nur einzelne Komponenten qualifiziert werden.

Es folgt, dass zur Erreichung von Plug and Work für zukünftige, verteilte Echtzeitsysteme mit Zeitsynchronisation eine automatische Bestimmung der Zeitsynchronisationsgenauigkeit erforderlich ist. Dieser Beitrag untersucht dieses Themenfeld und ist dazu wie folgt strukturiert: Kapitel 2 beschreibt die Zeitsynchronisation nach dem Standard PTP und erläutert die Einflussfaktoren auf die erreichbare Genauigkeit. Kapitel 3 zeigt in Anlehnung an [3] eine übersicht der Methoden, mit denen die Zeitsynchronisationsgenauigkeit bestimmt werden kann. Aufbauend auf Ansätzen aus [3] wird in Kapitel 5 das Verfahren einer adaptiven Ungenauigkeitsberechnung mit Hilfe intelligenter Netzwerkkomponenten vorgestellt.

2 Zeitsynchronisation mit dem Precision-Time-Protokoll

Das Precision-Time-Protokoll, kurz PTP, ist ein im Standard IEEE 1588 definiertes Zeitsynchronisationsprotokoll für die Verwendung in paketvermittelnden Netzen [4]. Die erste Version wurde 2002 verabschiedet. Ziel war eine höhere Zeitsynchronisationsgenauigkeit als mit NTP (Network Time Protocol) erreichbar war und die speziell in lokalen Netzen eingesetzt werden sollte. Die Technologien, mit denen dies erreicht werden sollte, waren die Verwendung von Hardwarezeitstempeln, ein Ausgleich der übertragungsverzögerung für jede einzelne Komponente sowie zyklisches Senden von Synchronisationsframes durch Zeitmaster (Push-Betrieb). Im Jahr 2008 wurde eine Weiterentwicklung als PTPv2 mit dem Ziel einer höheren Präzision verabschiedet [4]. Eine Kerntechnologie war dabei die Einführung sogenannter Transparent Clocks (TC). Abbildung 2 zeigt das Protokoll mit der Bestimmung der Signalverzögerung der Ethernet-Leitung (sog. Peer Delay t_{peer}) sowie der Korrektur der Masterzeit (t_{GM}) der Synchronisationsframes bei Weiterleiten durch die TC.

Abbildung 3 zeigt, wie eine TC aufgebaut ist. Ein aus diskreter Hardware aufgebauter Addierer bildet eine fortlaufende Zeit. Die Schaltung entspricht mathematisch einer Integration der Oszillatorfrequenz, mit der die Schaltung betrieben wird. Die fortlaufende Zeit wird zur Zeitstempelung der eingehenden und ausgehenden Ethernet-Frames verwendet. Mit Hilfe dieser Zeitstempel werden die Aufenthaltszeit (Bridge Delay t_{TC}) der Frames in den TCs sowie die

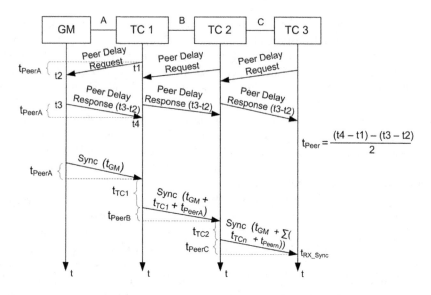

Abb. 2. Protokoll: Peer-Delay-Messung und Transparent Clock Bridgeing

Differenz der Laufgeschwindigkeit der lokalen Uhr zur Masteruhr dt_{TC}/dt_{GM} bestimmt und zur Korrektur verwendet.

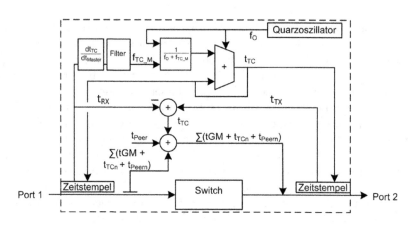

Abb. 3. Aufbau einer Transparent Clock [3]

Im Jahr 2013 haben die Arbeiten an einer weiteren Revision von PTP mit einem Arbeitsgruppentreffen in Lemgo gestartet. Ziele sind unter anderem eine Verbesserung der Genauigkeit auf $1\,ns$, der Sicherheit und der Verfügbarkeit.

2.1   Zeitsynchronisationsgenauigkeit

PTP erlaubt hochpräzise Zeitsynchronisation; das Protokoll selbst garantiert aber keine Genauigkeit. Die spezifische Synchronisationsgenauigkeit entsteht durch die Eigenschaften der Geräte, die verwendeten Übertragungsmedien, die Netzwerktopologie und den Umgebungsbedingungen [7]. Im letzten Kapitel wurde der Aufbau einer TC bereits erläutert. Auf die Genauigkeit wirken dabei unter anderem die Auflösung der Zeitstempel (t_{TX}, t_{RX}), die Auslegung von Filtern und Reglern der Uhrgeschwindigkeitsregelung und die Frequenzstabilität des eingesetzten Oszillators f_O. Frequenzstabilität wird als so genannte Allan-Varianz σ^2 angegeben, welche als Differenz der mittleren Frequenz von mindestens zwei Messintervallen τ definiert ist. Die Darstellung erfolgt in einem doppelt-logarithmischen Sigma-Tau-Diagramm (siehe Abb. 4). Ab einem τ von ca. $0,1\,s$ ist die Frequenz je nach Oszillatortyp häufig zusätzlich stark temperaturabhängig [5].

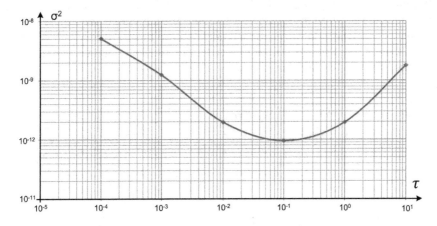

Abb. 4. Allan-Varianz im Sigma-Tau-Diagramm

Innerhalb einer Netzwerktopologie bzw. entlang des Synchronisationspfades vom GM zu den Slaves akkumuliert sich nun der Synchronisationsfehler, welcher durch die einzelnen Ungenauigkeiten der TCs entsteht, auf. Die physikalischen Einflussfaktoren sind dabei so vielfältig, dass mathematisch geschlossene Systembeschreibungen nicht möglich sind und auch Simulationen nicht allgemein angewandt werden können, sondern von Experten spezifisch angepasst werden müssen. Die Bestimmung von Synchronisationsgenauigkeit ist also keine einfache Aufgabe. Aufgrund dessen werden im folgenden Kapitel die allgemeinen Methoden zur Bestimmung der Zeitsynchronisationsgenauigkeit, welche heute zur Verfügung stehen, strukturiert und bewertet.

3 Bestimmung der Zeitsynchronisationsgenauigkeit

Synchronisationsgenauigkeit kann mit Messgeräten wie z.B. Oszilloskopen bestimmt werden. Voraussetzung ist ein bereits implementiertes und aktives Kommunikationsnetz mit Zeitsynchronisation. Die Messergebnisse sind jeweils nur für den aktuellen Betriebspunkt (Netzlast, Temperatur, Topologie) gültig und werden durch einen Experten durchgeführt. Die Methode ist für den Einsatz in Plug-and-Work-Szenarien entsprechend ungeeignet. Bestimmte Synchronisationsparameter können weiterhin mit in die TCs integrierten Messmitteln überwacht werden. So wird bei PROFINET zum Beispiel der Jitter zwischen der lokalen Zeit und dem empfangenen Zeitsignal überwacht. Es können so grundsätzliche Fehler in der Synchronisation, aber keine systematischen Offsets zwischen Slave und GM festgestellt werden. Eine weitere Möglichkeit der überwachung der lokalen (primären) Taktquelle f_{Op} ist der Vergleich der Frequenz mit Sekundärtaktquellen wie zusätzlichen Oszillatoren f_{Os} oder den über die Ethernetphysik zurückgewonnenen Frequenz der Linknachbargeäte f_{RX}.

Eine andere, insbesondere offline einsetzbare Methode ist Simulation [10,11]. Abbildung 5 zeigt, dass dafür ein Simulationsmodel des physikalischen Systems notwendig ist. Die Methode ist für den Einsatz in Plug-and-Work-Szenarien entsprechend ungeeignet, da Simulationsmodelle heute nicht automatisch generiert werden können, die Simulationsparameter häufig unbekannt sind und eine Simulation hohe Laufzeiten aufweisen kann.

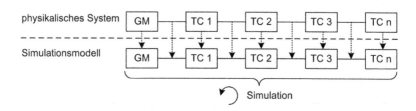

Abb. 5. Simulationsmodell und Simulation

Synchronisationsgenauigkeit kann durch Formeln angenähert werden (Abb. 5).

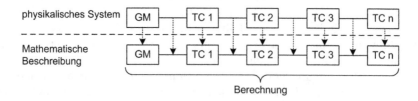

Abb. 6. Mathematisches Modell und Berechnung

Formel 1 zeigt ein einfaches Beispiel, wie eine mathematische Annäherung an die wahre Synchronisationsungenauigkeit möglich ist. Δt wird als Summe der (Worst Case) Ungenauigkeiten des GM und der einzelnen TCs entlang des Synchronisationspfades beschrieben. Die Teilungenauigkeiten werden also vollständig unabhängig voneinander und für den schlecht anzunehmenden Fall (hohe Temperaturschwankungen, hohe Netzlast, keine Mittelungseffekte, welche die Zeitstempelauflösung kompensieren) modelliert.

$$\Delta t = \Delta t_{GM} + \sum_{i=0}^{n} \Delta t_{TCi} \tag{1}$$

Diese mathematische Methode ist im PTP Power Profile abgebildet (IEEE C37 238 [12]). Dabei geschieht eine Akkumulation der Ungenauigkeiten Δt in einem zu diesem Zweck vorgesehenen Feld TimeInaccuracy eines Frame, welches den Synchronisationspfad durchläuft (siehe Abbildung 7).

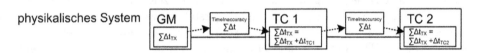

Abb. 7. Akkumulation der TC-Ungenauigkeiten im Feld TimeInaccuracy

Eine verbesserte formale Annäherung wurde in [3] vorgestellt, wo ein Faktor $\xi(n)$ eine individuelle Beschreibung der Leistungsfähigkeit der einzelnen TC und ein Faktor i die topologische Abhängigkeit der Ungenauigkeitsakkumulation (Jitter, Mittlungseffekte welche die Zeitstempelauflösung kompensieren) abbildet und so das reale Systemverhalten besser annähern soll (siehe Formel 2).

$$\Delta t = \Delta t_{GM} + \sum_{i=0}^{n} \frac{\xi}{i} \Delta t_{TCi} \tag{2}$$

4   Vergleich der Methoden

In [3] wurden die Vorteile, die Nachteile und die Leistungsfähigkeit der Synchronisationsgenauigkeitsbestimmungsmethoden an einer Fallstudie verglichen. Es wurde dazu eine Linientopologie aus 11 Transparent Clocks des gleichen Types aufgebaut. Die Testreihen wurden ohne zusätzliche Netzlast und unter konstanten Raumtemperaturen durchgeführt. Die Zeitstempelauflösung betrug $2,5\,ns$ und es wurde mit einer Synchronisationsperiode von $30\,ms$ gearbeitet. Die Synchronisationsframes wurden im Cut-Through-Verfahren mit höchster Priorität und ohne Follow Up Frames weitergeleitet. Das Peer Delay wurde als Mittel über 6 Messungen bestimmt. Diagramm 8 zeigt die Ergebnisse der Synchronisationsungenauigkeit Δt für die beiden Formeln 1 und 2 im Bezug auf die Messung mit einem Oszilloskop.

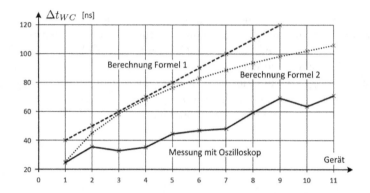

Abb. 8. Vergleich der Bestimmungsmethoden zur maximalen Synchronisationsabweichung [3]

Die formale Berechnung mit den Formeln 1 und 2 zeigt eine bessere Genauigkeit in Bezug zu den realen Messungen als Herstellerangaben und Zertifizierung dies global für ein Gesamtsystem leisten können. Die Anwendung der sehr einfachen Formel 1 (PTP Power Profile TimeInaccuracy TLV [12]) zeigt ebenfalls ein Ergebnis, dass um ein Vielfaches von der realen Synchronisationsgenauigkeit abweicht. Formel 2 zeigt eine bessere Genauigkeit. Es stellt sich aber die Frage, wie die Topologiekenntniss i und der Approximationsfaktor ξ für die einzelnen TCs erzeugt werden können. Es fehlt also an einer Methode, die sich dynamisch adaptieren kann und die es ermöglicht, die maximale Synchronisationsabweichung präzise zu bestimmen.

5 Adaptive, verteilte Bestimmung von Synchronisationsgenauigkeit durch intelligente TCs

In diesem Kapitel soll der Ansatz einer adaptiven, verteilten Bestimmung von Synchronisationsgenauigkeit durch intelligente TCs vorgestellt werden. Im Gegensatz zum ebenfalls adaptiven Ansatz aus [3] soll der Ansatz ohne Protokollerweiterungen auskommen. Es werden also keine zusätzlichen Informationen (z.B. in den TimeInaccuracy TLV) ergänzt. Der Ansatz zeichnet sich durch folgende Eigenschaften aus:

1. *Aufbauend auf dem Ansatz der verteilten Ungenauigkeitsakkumulation in einem TimeInaccuracy TLV*
2. *Jede TC enthält ein Modell ihrer eigenen synchronisationsleistungsbestimmenden Eigenschaften*
3. *Nutzung von lokalen Messeinrichtungen für Oszillatorfrequenzstabilität, Topologie und Zeitsignaljitter*
4. *Berechnung der aktuellen Ungenauigkeiten der TC auf Basis der genannten Mittel*

5. *Akkumulation von dynamisch adaptierten Ungenauigkeiten anstatt von Worst Case Ungenauigkeiten*

Abbildung 9 zeigt die Architektur der TC aufbauend auf der Architektur aus Abb. 3 und in Anlehnung an die in [3] dargestellte Architektur. Die intelligente TC nutzt ein Modell ihrer eigenen synchronisationsleistungsbestimmenden Eigenschaften. Weiterhin werden Daten zum aktuellen Betriebszustand aufgenommen. Mit diesen Daten und dem Modell wird eine resultierende Ungenauigkeit berechnet.

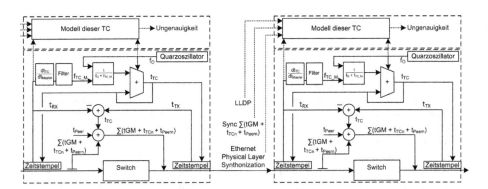

Abb. 9. Adaptive, verteilte Bestimmung von Synchronisationsgenauigkeit durch intelligente TCs

Diagramm 10 zeigt die Wirkung der Adaption der verteilten Berechnung an einem Beispiel. Die Geräteungenauigkeit wird mit Hilfe des Faktors $\xi(n)$ (TCs 5 bis 8: $\xi(n) = 1,1$; TCs 1 bis 4 und 9 bis 11: $\xi(n) = 0,6$), der zur Laufzeit berechnet wird, beschrieben und zeigt eine leistungsfähigere Bestimmung der Synchronsationsgenauigkeit im Bezug zu [3] bzw. den Verfahren aus den vorherigen Kapiteln.

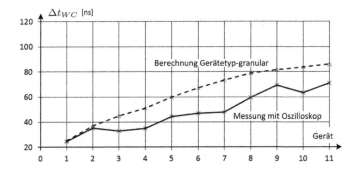

Abb. 10. Adaption der Berechnung an das spezifische System

6   Zusammenfassung

Dieser Aufsatz hat Methoden vorgestellt und verglichen, mit denen die Genauigkeit von Zeitsynchronisationsnetzwerken bestimmt werden kann. Der besondere Fokus lag dabei auf der Adaptivität der Algorithmen, um im Sinne von wandelbaren Echtzeitsystemen Plug and Work zu ermöglichen. Der Ansatz einer adaptiven Ungenauigkeits-Betrachtung mit intelligenten TCs wurde vorgestellt. Im nächsten Schritt sollen die Verfahren durch mehr Messreihen und auf den Daten aufbauenden Simulationen evaluiert und bewertbar gemacht werden.

Literaturverzeichnis

1. Dürkop, Lars; Trsek, Henning; Otto, Jens and Jasperneite, Jürgen: A field level architecture for reconfigurable SOA-based real-time automation systems. In: 10th IEEE Workshop on Factory Communication Systems, 2014
2. Dürkop, Lars; Trsek, Henning; Jasperneite, Jürgen and Wisniewski, Lukasz: Towards Autoconfiguration of Industrial Automation Systems: A Case Study Using PROFINET IO. In: 17th IEEE International Conference on Emerging Technologies and Factory Automation (ETFA 2012), 2012
3. Schriegel, S. and Jasperneite, J.: Investigation in Automatic Determination of Time Synchronization Accuracy of PTP Networks with the Objective of Plug-and-Work. In: International Symposium on Precision Clock Synchronization for Measurement Control and Communication (ISPCS), Austin, USA, Sept 2014
4. Standard for a Precision Clock Synchronization Protocol for Networked Measurement and Control System, IEEE Standard 1588-2008, 2008
5. Schriegel, S. and Jasperneite, J.: Investigation of industrial environmental influences on clock sources and their effect on the synchronization accuracy of IEEE 1588 International Symposium on Precision Clock Synchronization for Measurement Control and Communication (ISPCS), Viena, Austria, 2007
6. Profibus International, PROFINET IO Netload Test Specification, 2010
7. Schriegel, S.; Kirschberger, D. and Trsek, H.: Reproducible IEEE 1588-performance tests with emulated environmental influences. In: International Symposium on Precision Clock Synchronization for Measurement Control and Communication (ISPCS), Portsmith, USA, Spet 2010
8. Schriegel, S. and Gerstung, H.: IEEE 1588 Test Handbook, IEEE 1588 Spring Plugfest, Lemgo, 2011
9. PROFINET Test Specification for IO-Devices, 2010
10. Choingning, N.; Obradovic, D.; Scheiterer, R.; Steindl, G. and Goetz, F.: Synchronization Performance of the Precision Time Protocol. In: International Symposium on Precision Clock Synchronization for Measurement Control and Communication (ISPCS), Viena, Austria, 2007
11. Fontanelli, D.; Macii, D.; Wolfrum, P.; Obradovic, D. and Steindl, G.: A clock state estimator for PTP time synchronzation in harsh environment conditions, International Symposium on Precision Clock Synchronization for Measurement Control and Communication (ISPCS), Viena, Austria, 2007
12. C37.238-2011 – IEEE Standard Profile for Use of IEEE 1588 Precision Time Protocol in Power System Applications, 2011

Eine sicherheitsgerichtete Echtzeitprogrammiersprache für die Sicherheitsstufe SIL 3 gemäß DIN EN 61508

Jürgen Hillebrand

Institut für Parallele und Verteilte Systeme
Universität Stuttgart, 70569 Stuttgart
juergen.hillebrand@ipvs.uni-stuttgart.de

Zusammenfassung. Vorgestellt wird eine sicherheitsgerichtete Echtzeitprogrammiersprache, die den Sicherheitsanforderungen gemäß DIN EN 61508 für die Sicherheitsstufe SIL 3 genügt. Die Programmiersprache basiert auf der Programmiersprache PEARL 90 nach DIN 66253 und ermöglicht die Erstellung von besonders verlässlich verifizierbarer Software für sicherheitsgerichtete Echtzeitanwendungen. Die Programmiersprache bietet eine Programmierweise mit Funktionsplänen, Ursache-Wirkungstabellen, Meilensteindiagrammen und Kontrolltabellen, so dass Programme für die Sicherheitsstufe SIL 3 mit einer vereinfachten Form der diversitären Rückwärtsanalyse verlässlich verifizierbar sind. Die syntaktischen Regeln der Programmiersprache wurden zudem so definiert, dass sie inhärent bekannte Quellen für Programmfehler ausschließen und die Sicherheit steigern.

1 Einleitung

Eine gravierende Fehlerquelle in sicherheitsgerichteten elektronisch programmierbaren (PE) Systemen, wie z.B. zur Überwachung oder Steuerung von Anlagen in der Fertigungstechnik oder Prozessindustrie, ist Software, welche die Funktionsweise der Systeme vorgibt. Software für solche PE-Systeme muss deshalb verlässlich die an sie gestellte Aufgabe erfüllen, da Fehler in dieser Menschenleben und Umwelt gefährden können. Vor der Inbetriebnahme eines PE-Systems muss deshalb sichergestellt sein, dass seine Software einen sicheren Anlagenbetrieb erlaubt und von unentdeckten Fehlern in dieser keine Gefahren für Menschenleben und Umwelt ausgehen [1–4]. Hierzu ist eine Software-Verifikation notwendig, wozu [3, 4] den Einsatz einer modifizierten Form der diversitären Rückwärtsanalyse für die Sicherheitsstufe SIL 3 gemäß DIN EN 61508 [5, 6] empfiehlt.

Die modifizierte Form der diversitären Rückwärtsanalyse nach [3, 4] ist in Abb. 1 a) dargestellt. Sie basiert auf Funktionsplänen, die bereits zur Formulierung der Software-Spezifikation verwendet werden. Diese Pläne bestehen aus Blöcken, die Funktionen und Funktionsprozeduren darstellen, und Verbindungen, die den Datenflusses zwischen den Blöcken beschreiben. Funktionspläne können deshalb direkt durch Aufrufe von Funktionsprozeduren und Übergabe von Parametern und Variablen abprogrammiert werden. Da diese Programmierweise eine einfache Umsetzung der Software-Spezifikation in Maschinencode erlaubt, wird in [3, 4] von der Möglichkeit einer vereinfachten Software-Verifikation berichtet. Zu dieser ist lediglich der spezifizierte Funktionsplan mit den Funktionsprozeduraufrufen und Übergaben von Parametern und Variablen im Maschinencode zu vergleichen.

Aufgrund der Flexibilität zur Programmformulierung, die moderne Hochsprachen bieten, kann die semantische Lücke, die zwischen dem Maschinencode und der Software-Verifikation besteht, jedoch beträchtlich sein und so die diversitäre Rückwärtsanalyse erheblich erschweren. Ohne eine Beschränkung der Flexibilität zur Programmformulierung kann diese sogar so groß sein, dass die eigentliche Aufgabenstellung des Programms anhand des Maschinencodes nicht mehr erkennbar ist [7]. In solchen Fällen kann die Software-Verifikation anhand der diversitären Rückwärtsanalyse nicht durchführbar sein und die Sicherheit eines PE-Systems lässt sich nicht nachweisen. Hierdurch können hohe Kosten anfallen, da ein PE-System, dessen Sicherheit nicht nachweisbar ist, keine Betriebserlaubnis bekommt.

Auf Basis der Programmiersprache PEARL 90 [8] ist eine sicherheitsgerichtete Echtzeitprogrammiersprache entworfen worden [9], die den Sicherheitsanforderungen der Sicherheitsstufe SIL 3 gemäß DIN EN 61508 [5, 6] genügt, bekannte Quellen für Programmfehler ausschließt und eine erfolgreiche Durchführung der diversitären Rückwärtsanalyse nach [3, 4] mit Funktionsplänen ermöglicht. Neben einer Programmierweise mit Funktionsplänen bietet die Programmiersprache auch eine Programmierweise mit Ursache-Wirkungstabellen, Meilensteindiagrammen und Kontrolltabellen. Ursache-Wirkungstabellen können direkt in Funktionspläne eingebunden werden und ermöglichen eine besonders einfache Software-Spezifikation, bei welcher der zugehörige Maschinencode direkt mit der spezifizierten Ursache-Wirkungstabelle verglichen werden kann. Zur Berücksichtigung des Echtzeitbetriebs eines Programms bietet die Programmiersprache eine Formulierung von Meilensteindiagrammen und Kontrolltabellen, anhand deren die beabsichtigte Ausführung eines Programms genau beschreibbar ist. Diese Informationen können dem Betriebssystem übergeben werden, so dass es die Programmausführung verlässlich steuern und überwachen kann.

2   Module und Funktionsplanprogrammierung

Zur Definition der sicherheitsgerichteten Echtzeitprogrammiersprache ist eine Empfehlung zur Sicherheitsstufe SIL 3 aus der Norm DIN EN 61508 und ein Konzept aus [3, 4] aufgegriffen worden. Die Norm empfiehlt für die Sicherheitsstufe SIL 3 eine Programmierung mit eingeschränkter Flexibilität zur Programmformulierung, so dass die semantische Lücke zwischen der Software-Spezifikation und dem Maschinencode gering ist und eine Software einfach verifizierbar bleibt. Das Konzept aus [3, 4] baut auf dieser Empfehlung auf und empfiehlt eine Programmierung mit Funktionsplänen und strikter Wiederverwendung von bereits geprüften und zertifizierten Programmelementen. Bei dieser Programmierweise werden grafische Software-Spezifikationen, die als Funktionspläne vorliegen, direkt durch Funktions- und Funktionsproceduraufrufe sowie den Ausdruck des Datenflusses zwischen diesen abprogrammiert.

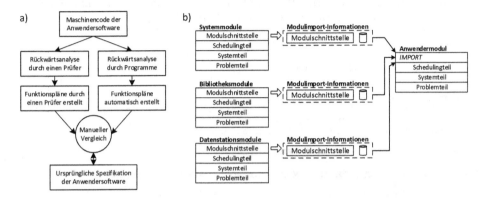

Abb. 1. a) vereinfachte Form der diversitären Rückwärtsanalyse nach [3, 4], b) grafische Veranschaulichung der Moduldefinition der sicherheitsgerichteten Echtzeitprogrammiersprache.

Da die Programmierung auf einer Wiederverwendung von bereits geprüften und zertifizierten Programmelementen beruht, ist die Programmiersprache so definiert, dass ein Programm aus einer Menge von typisierten Modulen besteht. Dies sind System-, Bibliotheks- und Datenstationsmodule sowie ein Anwendermodul. System-, Bibliotheks- und Datenstationsmodule enthalten bereits geprüfte und zertifizierte Programmelemente, die über die Schnittstellen der Module im Anwendermodul eingebunden werden können. Das Anwendermodul dient zur Formulierung der Aufgabenstellung des Programms durch eine strikte Wiederverwendung der von System-, Datenstations- und Bibliotheksmodulen bereitgestellten Programmelemente. Dies sind vor allem Variablen, auf die lesend zugegriffen werden darf, und

- Funktionen und Funktionsproceduren in Datenstationsmodulen zum Einlesen und Ausgeben von Werten über Datenstationen,
- Funktionen und Funktionsproceduren in Systemmodulen zur Steuerung des Echtzeitbetriebs und
- Funktionen und Funktionsproceduren in Bibliotheksmodulen zur Berechnung von arithmetischen oder kombinatorischen Ausdrücken, zur Grenzwertüberwachung etc.

Die Moduldefinition ist in Abb. 1 b) grafisch veranschaulicht und die allgemeine Syntax zur Vereinbarung von Modulen ist in Listing 1 angegeben. Mit dem Ziel einer geordneten Programmstruktur sind die Module typisiert, so dass die

Funktionsweise bzw. der Anwendungszweck der durch die Module bereitgestellten Programmelemente gut erkennbar ist. Neben der Modultypisierung besteht auch die Möglichkeit, Module mit einer Sicherheitsstufe vereinbaren zu können. Diese Option ermöglicht statische Tests, um die Sicherheitsstufen der in einem Programm genutzten Programmelemente überprüfen zu können. Hierbei ist zu beachten, dass in einem SIL 3-Programm nur Programmelemente mit gleicher oder höherer Sicherheitsstufe verwendet werden dürfen [4].

```
1  <Programm> ::= <Modul$Anwender>[<Modul>]*.
2
3  <Modul> ::=
4    MODULE <Modulbezeichner>[<Modultyp>][<Vereinbarung-SIL>]";"
5      [<Modul-Import>]* [<Schnittstellenteil>][<Scheduling-Teil>]
6      [<Systemteil>][<Problemteil>]
7    MODEND [<Modulbezeichner>][<Vereinbarung-SIL>]";".
8
9  <Vereinbarung-SIL> ::= SAFEGUARD <Sicherheitsstufe>.
10
11 <Modultyp> ::= MODTYPE {USERMOD | LIBMOD | SYSMOD | DATIONMOD}.
12
13 <Modul-Import> ::= IMPORT <Modulimportliste>";".
14
15 <Spezifikation-Prozedur> ::= {SPECIFY | SPC}
16   [<Bezeichner$Modul>"."]<Bezeichner$Prozedur>
17   {PROCEDURE | PROC}[<Parameterliste>][<Vereinbarung-SIL>]
18   [<Maximale-Laufzeit>][<Rueckgabeparameter>]";".
19
20 <Rueckgabeparameter> ::= RETURNS "("<Typ-Attribut>")".
```

Listing 1: Die Syntax zur Vereinbarung von Modulen, zum Modul-Import und zur Spezifikation von Funktionsprozeduren.

Gemäß Listing 1 und Abb. 1 b) setzt sich ein Modul aus unterschiedlichen Teilen zusammen. System-, Datenstations- und Bibliotheksmodule dürfen einen System-, Schnittstellen-, Problem- und Schedulingteil enthalten und Anwendermodule dürfen lediglich einen System-, Problem- und Schedulingteil enthalten. Der Systemteil dient zur Angabe der im Modul genutzten Verbindungen zu den am projektierten Rechnersystem angeschlossenen Peripheriegeräten, wie z.B. Aktoren und Sensoren.

Der Schnittstellenteil dient zur Spezifikation von modul-internen Programmelementen wie Variablen, Funktionen- und Funktionsprozeduren, die ein Modul anderen Modulen zur Verfügung stellt. Variablen und neue Datentypen dürfen zudem im Schnittstellenteil vereinbart werden, hierbei ist darauf zu achten, dass die Syntax für die Sicherheitsstufe SIL 3 nur einen lesenden Zugriff auf modul-externe Variablen erlaubt. Diese Einschränkung wurde zum Schutz vor einer Manipulation von Daten durch modul-externe Schreibzugriffe eingeführt, die modul-intern nur schwer überprüfbar ist. Um die durch System-, Datenstations- und Bibliotheksmodule bereitgestellten Programmelemente im Anwendermodul nutzen zu können, müssen diese im Anwendermodul mit der **IMPORT**-Anweisung gemäß Listing 1 eingebunden werden. Nach dem Einbinden kann auf die Programmelemente wahlweise über qualifizierte Bezeichner oder nicht qualifizierte Bezeichner zugegriffen werden. Nicht qualifizierte Bezeichner bieten eine verkürzte Schreibweise, mit der Anwenderquelltexte übersichtlich und gut lesbar formulierbar sind. Nachteilig an dieser Schreibweise ist jedoch, dass nicht qualifizierte Bezeichner die Modulherkunft der verwendeten Programmelemente verbergen und zu Namenskonflikten bei gleichen Objektbezeichnern führen können. Zur Lösung des Problems wurde die Spezifikationsangabe eingeführt, die bei Nutzung von nicht qualifizierten Bezeichnern anzugeben ist. Die Spezifikationsangabe erfordert im Falle eines nicht qualifizierten Imports die Angabe des Modul- und Objektbezeichners, wodurch Namenskonflikte vor der Übersetzung rechtzeitig erkannt und behoben werden können [9]. Die Syntax zur Spezifikation von Funktionen und Funktionsprozeduren ist in Listing 1 angegeben, weitere Informationen können aus [9] entnommen werden.

Der Problemteil von System-, Datenstations- und Bibliotheksmodulen dient zur Vereinbarung von Variablen, Funktionen und Funktionsprozeduren, die in Anwendermodulen über die Modulschnittstellen genutzt werden können. Im Problemteil der Anwendermodule ist eine Vereinbarung dieser Programmelemente nicht gestattet, die Definition erlaubt in diesem lediglich die Formulierung der Aufgabenstellung des Programms durch Wiederverwendung der bereitgestellten Programmelemente.

Der Schedulingteil dient zur Beschreibung des beabsichtigten Echtzeitbetriebs des Programms, der in Form von Meilensteindiagrammen, Einplanungs- und Kontrolltabellen beschrieben wird. Die Diagramme und Tabellen dienen dem Betriebssystem dazu, die Programmausführung zu kontrollieren und zu überwachen.

3   Sprachmittel zur Formulierung von Funktionsplänen

Anhand der bereitgestellten Sprachmittel können Funktionspläne unter Verwendung von bereitgestellten Programmelementen wie Variablen, Funktionen und Funktionsprozeduren direkt abprogrammiert werden. Die Programmelemente müssen dazu in System-, Datenstations- und Bibliotheksmodulen hinterlegt und über ihre Schnittstellenteile zum lesenden Zugriff spezifiziert sein. Die eigentliche Beschreibung der Aufgabenstellung des Programms erfolgt im Problemteil des Anwendermoduls, wozu die benötigten Programmelemente in diesem zunächst anhand der **IMPORT**-Anweisung gemäß Listing 1 einzubinden sind. Nach dem Einbinden können die Programmelemente anhand der **CALL**-, **TAKEFROM**- und **SEND-TO**-Anweisung genutzt werden. Die allgemeine Syntax der Anweisungen ist in Listing 2 angegeben.

Zum Aufruf von Funktionen und Funktionsprozeduren dient die **CALL**-Anweisung. Die **CALL**-Anweisung ist so definiert, dass das definierte Zugriffsschutzkonzept nicht unterlaufen wird und eine Vereinbarung von Variablen in Anwenderquelltexten zum Zwischenspeichern von Ergebnissen nicht erforderlich ist. Hierdurch entspricht die Programmiersprache einer Empfehlung aus [4] zur Sicherheitsstufe SIL 3, die empfiehlt, dass in dieser Sicherheitsstufe auf eine Ver-

```
1  <Prozeduraufruf> ::=
2    CALL [{[<Bezeichner$Modul>"."]}<Bezeichner$Prozedur>
3    "("[<Parameterliste>]")" ";".
4
5  <Anweisung-Senden> ::=
6    SEND {<Literal>|<Konstante$Bezeichner>|<Variablenangabe>}
7    TO [<Bezeichner$Modul>"."]<Bezeichner$Datenstation>
8    [BY <zusaetzliche-Angaben>]";".
9
10 <Anweisung-Empfangen> ::=
11   TAKEFROM [<Bezeichner$Modul>"."]<Bezeichner$Datenstation>
12   [BY <zusaetzliche-Angaben>]";".
```

Listing 2: Die Syntax zum Aufruf von Funktionen und Funktionsprozeduren und zum Einlesen und Senden von Werten über Datenstationen.

einbarung von Variablen und Schreibzugriffe auf diese verzichtet werden soll. Diese Empfehlung hat zum Ziel, eine Manipulation von Daten durch modul-externe Zugriffe zu unterbinden und eine Software einfach verifizierbar zu halten. Per Definition ist es deshalb erforderlich, dass zu jeder Funktion und Funktionsprozedur implizit eine Variable bzw. ein Speicherplatz durch die zu verwendende Funktion bereitgestellt werden muss oder durch den Übersetzer angelegt wird. An diesen Speicherplatz bzw. diese Variable werden die Rückgabewerte von Funktionen und Funktionsprozeduren implizit übergeben. Im Anwenderprogramm besteht der lesende Zugriff auf die Rückgabewerte, wozu der Bezeichner der zugehörigen Funktion oder Funktionsprozedur anzugeben ist. Die abgespeicherten Rückgabewerte bleiben solange unverändert, bis ein erneuter Aufruf der Funktion oder Funktionsprozedur mit der **CALL**-Anweisung erfolgt.

Die **TAKEFROM**-Anweisung (Listing 2) dient zur Aktualisierung von Werten, die über Datenstationen eingelesen werden. Diese Anweisung erfordert ebenfalls eine implizit angelegte Variable, an die der eingelesene Wert übergeben wird. Im Anwenderquelltext ist der lesende Zugriff auf diese Variable möglich, wozu der Bezeichner der Datenstation anzugeben ist. Sofern die implizit angelegte Variable nicht zu jeder Zyklusphase des Prozessrechners von der Datenstation automatisch aktualisiert wird, kann mit der **TAKEFROM**-Anweisung der Wert neu eingelesen und aktualisiert werden. Mit der **SEND-TO**-Anweisung lassen sich Werte an Datenstationen übermitteln, wozu der Wert anhand einer Variablen, Konstanten oder eines Literals zwischen den Schlüsselwörtern **SEND** und **TO** anzugeben ist. Die Angabe der Zieldatenstation erfolgt hinter dem Schlüsselwort **TO** durch Angabe ihres Bezeichners.

4   Ursache-Wirkungstabellen in SIL 3-Programmen

Die Programmiersprache bietet eine optionale Programmierung mit Ursache-Wirkungstabellen, die in Funktionsplänen direkt eingebunden werden können. Ein Beispiel hierzu gibt Abb. 2. Gemäß der Definition sind die Zeilen der Tabelle mit Ursachen und ihre Spalten mit Wirkungen assoziiert. Die Felder der Tabelle dienen zur Angabe von Wirkungen, die aufgrund von bestimmten Ursachen zu treffen sind. In Abb. 2 sind diese Verknüpfungen durch Punkte dargestellt, die z.B. die Wirkung "E_1" mit den Ursachen "B_1" und "B_n" logisch-*UND* verknüpfen. Da diese Tabellen direkt in Funktionspläne eingebunden werden können, ist eine Vor- und Nachbereitung der Ein- und Ausgaben des Tabellenbausteins mit den Elementen zur Funktionsplanprogrammierung möglich. Beispielsweise können Sensorsignale mit Zeitgliedern und Alarmgebern aufbereitet oder Mehrheitsentscheide aufgrund von bestimmten Wirkungen getroffen werden.

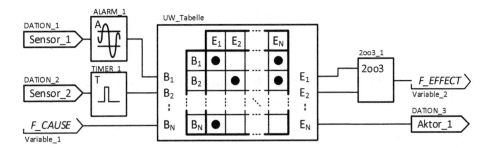

Abb. 2. Funktionsplan mit einer Ursache-Wirkungstabelle.

Die syntaktischen Regeln zur Formulierung von Ursache-Wirkungstabellen sind in Listing 3 angegeben. Diese Sprachmittel können innerhalb eines **CETABLE**-Blocks genutzt werden, der einen Programmbereich mit mehr Funktionalität zur Programmformulierung einleitet (Listing 3). Innerhalb des Blocks können mithilfe der **SETEFFECT-TO**-Anweisung logische Ausdrücke gebildet werden, die zur Angabe von Bedingungen dienen. Die logischen Ausdrücke werden durch Angabe von einer oder durch logische *ODER*-Verknüpfung mehrerer Ereignislisten (**CAUSE**-Listen) hinter dem Schlüsselwort **TO** aufgeführt. Bei Aufruf der **SETEFFECT-TO**-Anweisung werden die Ausdrücke ausgewertet und das Ergebnis an eine Funktionsprozedurvariable implizit übergeben. Mit diesem Prinzip lassen sich Wirkungen zwischenspeichern, ohne das Zugriffsschutzkonzept und das Verbot der Vereinbarung von Variablen in Anwendermodulen zu unterlaufen. In den Funktionsprozeduren zur Abspeicherung der Wirkungen ist zudem eine Überprüfung der ausgewerteten Wirkungen möglich. Um die Software-Verifikation weiter zu vereinfachen, ist die Angabe der Datenelemente zur Bildung der logischen Ausdrücke auf zweiwertige Datenelemente beschränkt worden.

5 Berücksichtigung des Echtzeitbetriebs von SIL 3-Programmen

Der Echtzeitbetrieb von Programmen wird durch die Vereinbarung von Tasks unterstützt, die unter Berücksichtigung von Antwortzeiten ausgeführt werden. Zur

```
1  <Ursache-Wirkungstabelle> ::= CETABLE [<Bezeichner$UW-Tabelle>]
2    [<Maximale-Laufzeit>][<Vereinbarung-SIL>]";"
3    [[<Statement-Sequenz$UW-Tabelle>][<Programmbloecke>]]*
4    END [{<Bezeichner$UW-Tabelle>|"("<Bezeichner$UW-Tabelle>")"}]";".
5
6  <Ursache-Wirkungs-Auswertung> ::= SETEFFECT
7    {"("<Funktionsprozedurangabe>")"|<Funktionsprozedurangabe>}
8    TO <Ursachenauswertung> FIN ";" .
9
10 <Ursachenauswertung> ::= CAUSE "("<Bedingung>")" ";"
11   [ OR CAUSE "("<Bedingung>")" ";"]*.
12
13 <Bedingung> ::=  <Logischer-Einzelausdruck-Cause>
14   [AND <Logischer-Einzel-Ausdruck-Cause>]*.
15
16 <Logischer-Einzelausdruck-Cause> ::=
17   [NOT] <Operand-1>[{EQ | "=="}<Operand-2>].
```

Listing 3: Die Syntax zu den Sprachmitteln zur Formulierung von Ursache-Wirkungstabellen.

Berücksichtigung des Echtzeitbetriebs ist es daher erforderlich, dass Funktionspläne und Ursache-Wirkungstabellen in Tasks formuliert werden. Zur Ausführung der Tasks stellt die Programmiersprache geeignete Steuerungsanweisungen bereit, die eine zeitgerechte Ausführung der Tasks mit dem nicht präemptiven Zuteilungsverfahrens nach Antwortzeiten [3,4] und im Sinne einer zeitsynchronen Programmierung [3] ermöglichen.

Zur Einplanung einer Task ist die **ACTIVATE**-Anweisung (Listing 4) definiert worden, die eine exakte (Schlüsselwort **EXACTLY**) einmalige oder zyklische Einplanung von Tasks nach Antwortzeiten ermöglicht. Das Schlüsselwort **SYNCTONEXTSCHEDTICK** bietet eine Einplanung von Tasks für streng zyklisch arbeitende Schedulingverfahren, die eine feste Zyklusdauer aufweisen. Die Semantik des Schlüsselworts ist, dass bei seiner Angabe die geplante Antwortzeit mit dem Beginn der nächsten Zyklusphase des Schedulingverfahrens synchronisiert wird.

```
1  <Task-Aktivieren> ::=  <Aktivierungsbedingung>
2    ACTIVATE <Bezeichner$Task>[ALTERNATIVETASK
3    "("<Bezeichner$Task>[","<Bezeichner$Task>]*")"]";".
4
5  <Aktivierungsbedingung> ::=
6    [SYNCTONEXTSCHEDTICK][EXACTLY]
7    DUETO {<Literal>|<Konstante>}[<Frequenz>].
8
9  <Frequenz> ::=
10   ALL {<Literal>|<Konstante>}[DURING{<Literal>|<Konstante>}].
```

Listing 4: Syntax zur Einplanung von Tasks.

Bei Nutzung des nicht präemptiven Antwortzeitalgorithmus nach [3, 4] und der von der Programmiersprache bereitgestellten Steuerungsanweisungen erfolgt die Tasksteuerung dynamisch zur Laufzeit. In diesem Fall genügt die Programmiersprache nicht den Empfehlungen der relevanten Normen für die Sicherheitsstufe SIL 3. Die Normen empfehlen, dass die Taskausführung bereits vor der Ausführung des Programms und zu allen Ausführungszeitpunkten vollständig bekannt sein soll. In Ausnahmesituationen bieten diese Sprachmittel allerdings den Vorteil, dass Tasks für einen Lastabwurf ausgeplant und neue Tasks zur Ausnahmebehandlung eingeplant werden können. Um trotzdem eine deterministische und zeitgerechte Taskausführung zu gewährleisten, ist der Schedulingteil definiert worden. In diesem Teil kann die beabsichtigte und nicht beabsichtigte Taskausführung anhand von Meilensteindiagrammen und Kontrolltabellen, die auch als Taskzustandslisten bezeichnet werden, genau spezifiziert werden. Zusätzlich geben die definierten Kontrolltabellen die Möglichkeit, nicht beabsichtigte Ausführungszustände mit Maßnahmen zur Behandlung von Ausnahmesituationen zu verknüpfen. Die Informationen des Schedulingteils können dem Betriebssystem übergeben werden, so dass es die Ausführung der Tasks verlässlich vornehmen und überwachen kann.

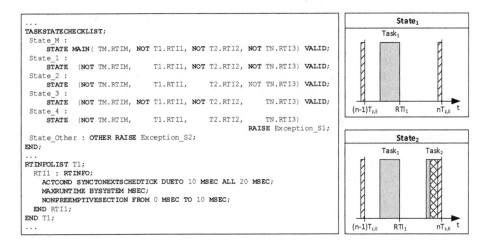

Abb. 3. Beispielquelltext zum Schedulingteil mit Meilensteindiagrammen zu den Zuständen "$State_1$" und "$State_2$".

Ein Beispiel zum Schedulingteil gibt Abb. 3 an, in der ein Beispielquelltext zu einer Taskzustandsliste und zwei grafisch dargestellte Meilensteindiagramme zu der geplanten Taskausführung "$State_1$" und "$State_2$" dargestellt sind. Der Zustand "$State_{Main}$" beschreibt die Systeminitialisierungsphase, in der "$Task_{Main}$" ausgeführt wird. Im Anschluss an die Systeminitialisierungsphase nimmt das System den Zustand "$State_1$" an, in dem "$Task_1$" zyklisch zur Überwachung eines technischen Prozesses ausgeführt wird. Bei einem sicherheitskritischen Ereignis wird "$Task_2$" zur Fehlerbehandlung zyklisch ausgeführt und "$Task_1$" für einen Lastabwurf verdrängt. Dieser Zustand beschreibt das in Abb. 3 angegebene Meilensteindiagramm zu "$State_2$". Eine unzulässige Taskausführung beschreibt der Zustand "$State_4$", der mit einer Funktion "$Exception_{S1}$" zur Behandlung der Ausnahmesituation verknüpft ist. Erkennt das Betriebssystem diesen unzulässigen Zustand, so muss es die "$Task_{TN}$" zur Behandlung der Ausnahmesituation ausführen.

Literaturverzeichnis

1. D.J. Smith und K.G.L. Simpson: *Safety critical systems handbook – A Straightforward Guide to Functional Safety, IEC 61508 (2010 Edition) and Related Standards, Including Process IEC 61511, Machinery IEC 62061 and ISO 13849*, 3rd ed., Butterworth-Heinemann/Elsevier, Amsterdam, ISBN 978-0-08-096781-3, 2011.
2. K. Fowler: *Mission-Critical and Safty-Crtical Systems Handbook – Design and Development for Embedded Applications*, Newnes-Elsevier Inc., ISBN 978-0-7506-8657-2, 2010.
3. W.A. Halang und R. Konakovsky: *Sicherheitsgerichtete Echtzeitsysteme*, Oldenbourg Verlag, München, ISBN 978-3-8356-4036-8, 1999.
4. W.A. Halang, et al.: *Methodenlehre sicherheitsgerichtete Echtzeitprogrammierung*, Schriftenreihe der Bundesanstalt für Arbeitsmedizin und Arbeitsschutz, Die Deutsche Bibliothek – CIP Einheitsaufnahme, 2011.
5. DKE Deutsche Kommission Elektrotechnik Elektronik Informationstechnik im DIN und VDE: *DIN 61508 (VDE 0803-3), Funktionale Sicherheit sicherheitsbezogener elektrischer/elektronischer/programmierbarer elektronischer Systeme – Teil 3: Anforderungen an Software – Deutsche Fassung*, Deutsches Institut für Normung e.V. und Verband der Elektrotechnik Elektronik Informationstechnik e.V., 2011.
6. DKE Deutsche Kommission Elektrotechnik Elektronik Informationstechnik im DIN und VDE: *DIN 61508 (VDE 0803-7), Funktionale Sicherheit sicherheitsbezogener elektrischer/elektronischer/programmierbarer elektronischer Systeme – Teil 7: Überblick über Verfahren und Maßnahmen – Deutsche Fassung*, Deutsches Institut für Normung e.V. und Verband der Elektrotechnik Elektronik Informationstechnik e.V., 2011.
7. P. Peter und A.J. Hilton: *Practical Experiences of Safety-and Security-Critical Technologies*, Ada User Journal, Vol. 25, pp. 98–106, 2004.
8. Normenausschuß für Informationssysteme: *DIN 66253, Teil 2, Programmiersprache PEARL – PEARL 90*, DIN Deutsches Institut für Normumg e.V. – Beuth Verlag GmbH, 1998.
9. J. Hillebrand: *Definition einer sicherheitsgerichteten Echtzeitprogrammiersprache*, Abschlussarbeit Master-Studiengang Elektro- und Informationstechnik, FernUniversität in Hagen, August 2013.

Die Programmierumgebung OpenPEARL90

Rainer Müller[1] und Marcel Schaible[2]

[1] Hochschule Furtwangen, Fakultät CEE,
Robert-Gerwig-Platz 1, 79120 Furtwangen
mueller@hs-furtwangen.de
[2] Lehrstuhl für Informationstechnik, insb. Realzeitsysteme
FernUniversität in Hagen, 58084 Hagen
Marcel.Schaible@FernUni-Hagen.de

Zusammenfassung. Die Programmierumgebung OpenPEARL90 soll die Programmiersprache PEARL für Ausbildungszwecke bereitstellen. Dazu wurde die unter Studierenden weit verbreitete Zielplattform Linux gewählt. Die Programmierumgebung gliedert sich im Wesentlichen in zwei Teile: Einen mit ANTLR realisierten Sprachumsetzer, der PEARL in C++ umsetzt, und ein in C++ realisiertes Laufzeitsystem, welches die Plattformadaption der Sprachkonstrukte bereitstellt. Das Projekt befindet sich in der Entwicklung, so dass hier der aktuelle Entwicklungsstand wiedergegeben wird.

1 Einleitung

Die heutzutage verbreiteten Sprachen C, C++ und Java geben den Entwicklern wesentlich mehr Möglichkeiten, Systemeigenschaften auszunutzen und damit auch entsprechende Fehler zu provozieren. PEARL gehört zu den restriktiven Programmiersprachen, bei denen den Entwicklern gefährliche Programmkonstrukte vorenthalten werden. PEARL beinhaltet neben der Möglichkeit, nebenläufige Abläufe eingängig zu beschreiben, auch die Möglichkeit, über den Systemteil ohne Spezialkenntnisse auf Prozessein- und ausgaben zuzugreifen. Dies macht die Sprache ideal für die Ausbildung, wo Programmierfehler nicht toleriert, sondern zu aussagekräftigen Fehlermeldungen führen sollen.

Das Projekt *OpenPEARL90* verfolgt das Ziel, ein Sprachsystem für PEARL für diesen Zweck bereitzustellen.

2 Struktur des Sprachsystems

Das System gliedert sich in zwei Hauptteile (Abb. 1):

1. den Sprachumsetzer von PEARL → C++
2. das Laufzeitsystem

Die Zweiteilung erlaubt eine Trennung der Schichten. Die Wahl von C++ als Zwischensprache erlaubt eine spätere Erweiterung von Zielplattformen auf

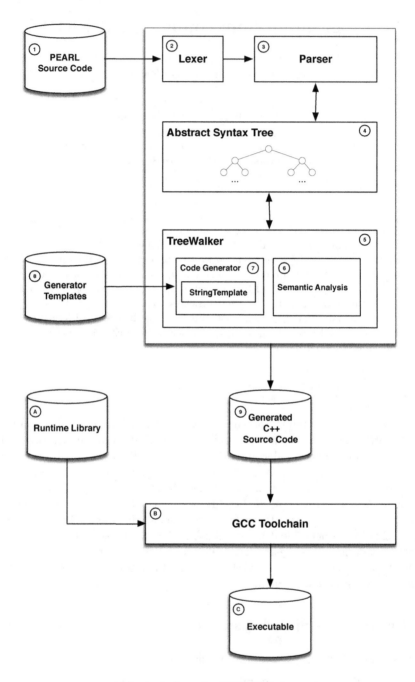

Abb. 1. Aufbau des PEARL-Systems

alle Plattformen, sofern dort ein aktueller C++-Compiler zur Verfügung steht und der plattformspezifische Teil des Laufzeitsystems angepasst wird. Dieser plattformspezifische Teil des Laufzeitsytems beschränkt sich auf die Abbildung von Tasks und Systemdations auf das Zielsystem. Für die Abbildung der Tasks bieten die vielfältig vorhandenen RTOS-Kernel eine gute Basis.

Als primäre Zielplattform wird allerdings Linux verfolgt, da dieses System bei Studierenden sehr beliebt ist und daher kein akzeptanzmindernder Bruch in der gewohnten Arbeitsumgebung für das Zielpublikum notwendig wird.

3   Sprachumsetzer PEARL → C++

Das Übersetzerskelett wird unter Zuhilfenahme von *ANTLR* (Abk. für **AN**other **T**ool for **L**anguage **R**ecognition) einem LL(k) objektorientierten Lexer- und Parsergenerator mit $k \geq 0$ generiert. Hierzu wird aus der Grammatikspezifikation die lexikalische Analyse, der Parser und die Klassenstruktur zum Durchlaufen des abstrakten Syntaxbaumes in der Programmiersprache Java generiert. Eine detaillierte Beschreibung des Framework findet sich in [8] und [9].

Wie in Abbildung 1 dargestellt, wird die PEARL Quelldatei ① vom Lexer ② in den Tokenstrom übersetzt und an den Parser ③ weitergereicht. Der Parser prüft die Syntax und baut eine entsprechende Symboltabelle und den abstrakten Syntaxbaum (Abk. AST) ④ auf. Die statische semantische Analyse ⑥ durchläuft den AST und wertet z.B. die Sichtbarkeitsregeln mit Hilfe der Symboltabelle aus und ob eine Variable vor Verwendung auch deklariert ist. Der C++-Quellcode wird mittels eines erneuten AST-Durchlaufes und der Verwendung des StringTemplate-Frameworks ⑦ generiert. Die C++-Codefragmente werden unter Zuhilfenahme der externen Beschreibung ⑧ definiert. Diese Vorgehensweise erlaubt es, den zu erzeugenden C++-Quellcode nur durch Ändern der StringTemplate-Spezifikation anzupassen. Der Lexer/Parser muss hierzu nicht neu übersetzt werden. Mittels der Compiler intrinsischen Funktion __cpp__ kann an beliebigen Stellen des PEARL Programmes C++-Code eingefügt werden.

Abstrakter Syntaxbaum Der Parser baut während der Analyse des Quelltextes einen abstrakten Syntaxbaum nach [6] auf. Der AST wird unter der Verwendung des Besuchermusters (siehe [10]) mehrfach durchlaufen und entsprechend weiter attributiert. Der eigentliche Algorithmus zum Baumdurchlauf wird von *ANTLR* mitgeneriert und durch Ableitung von TreeVisitor erweitert.

In Listing 1 wird die Deklaration einer erweiterten Besucherklasse gezeigt. Hierbei werden die Methoden der Vaterklasse überschrieben und das Parser-Framework ruft zum Beispiel bei der Erkennung der syntaktischen Struktur des PEARL Problemteils die Methode *visitProblem* mit dem aktuellen Kontext auf.

```
1  public class MyVisitor<T> extends TreeVisitor<T>
2                            implements Visitor<T>
3  ...
```

```
4   @Override public T visitModule(ModuleContext ctx) { ... }
5   @Override public T visitTask_decl(Task_declContext ctx) { ...
        }
6   @Override public T visitProblem(Problem_Context ctx) { ... }
7   @Override public T visitSystem(System_Context ctx) { ... }
8   ...
```

Listing 1. Besuchermuster

Codegenerierung Der C++-Code wird direkt aus dem AST unter Zuhilfe-nahme einer externen *StringTemplate*-Spezifikation erzeugt. Diese Spezifikation beschreibt in einer EBNF-ähnlichen Sprache die Umsetzung von AST-Knoten in C++-Sprachkonstrukte.

In Listing 2 wird in den Zeilen 1–5 die Umsetzung eines PEARL-Moduls gezeigt. Hierbei wird ein PEARL-Modul mit folgenden Parametern generiert:

src ist der Dateiname, welcher das Modul enthält. Dieser wird für Debugging-zwecke verwendet.

system enthält eine Beschreibung des PEARL-Systemteiles.

taskspecifiers ist die Liste der deklarierten Tasks.

tasks beinhaltet eine Liste aller Tasks inklusive der entsprechenden Taskrümpfe.

cpp_inlines beschreibt zusätzlichen C++-Code.

In den Zeilen 7–8 wird als einfaches Beispiel die Deklaration eines Taskspe-zifizierers transformiert. Das *StringTemplate*-Framework bietet zusätzlich auch die Möglichkeit, mit Bedingungen (Zeile 2) und Schleifen bei der Generierung zu arbeiten.

```
1  module(src,name,system,taskspecifiers,tasks,cpp_inlines) ::= <<
2    <if(system)> <system> <endif>
3    <if(taskspecifiers)> <taskSpecifierList(taskspecifiers)> <
         endif>
4    <if(tasks)> <tasks> <endif>
5  >>
6
7  taskspecifier(taskname) ::= <<
8  "SPCTASK(<taskname>);"
9  >>
10 >>
```

Listing 2. Codegenerierung

Zusätzlich wird für jede PEARL-Anweisung die Quelldatei und Zeilennum-mer für das Laufzeitsystem generiert, um beim Debugging die Zuordnung von C++-Code zur ursprünglichen PEARL Anweisung zu erleichtern.

4 Laufzeitsystem

Bei der Entwicklung des Laufzeitsystems wurde strikt darauf geachtet, dass ganz im Sinne von PEARL alle Unregelmäßigkeiten im Ablauf zu *SIGNAL*s führen. Zur Strukturierung wurde ein Klassenkonzept eingeführt. Hier zeigte die Wahl von C++ als Implementierungssprache einige Vorteile:

Namensräume (*namespace*) erlauben eine saubere Trennung von Bezeichnern aus dem Anwendungsprogramm, den bei der Sprachumsetzung erzeugten sowie denen aus dem Laufzeitsystem

Klassen unterstützen bei der Strukturierung

Exceptionhandling von C++ wird bei der Umsetzung der PEARL Signale sehr hilfreich sein

4.1 Plattformunabhängiger Teil

Im plattformunabhängigen Teil werden Klassen für die elementaren Datentypen von PEARL bereitgestellt. Die Implementierungen dieser Klassen erzeugen Exceptions, wenn Operationen den Definitionsbereich verlassen. Es stehen Klassen bereit für FIXED(1) ... FIXED(63), BIT(1) ... BIT(64), CLOCK, DURATION, SEMAPHORE und DATION. Die Datentypen SIGNAL, INTERRUPT, FLOAT und BOLT werden noch nicht unterstützt. Datenstrukturen von PEARL können vom Sprachumsetzer auf `struct` von C++ abgebildet werden.

Für die elementaren Datentypen stehen auch fast alle Formatierungselemente bereit, sodass eine formatierte Ein- und Ausgabe per *GET/PUT* auf *ALPHIC DATIONS* möglich ist. Die unformatierte Ein-/Ausgabe per *READ/WRITE* ist komplett plattformunabhängig.

4.2 Linuxspezifische Umsetzung von Tasks

Das Hauptproblem bei der Adaption von PEARL auf Linux ist die Abbildung der Tasks. Hierzu bieten sich *pthreads* an [2]. Die Sprachdefinition [3] impliziert das in Abb. 2 dargestellte Taskzustandsdiagramm.

Allerdings stellt die pthread-Library bei Linux keinen Funktionsaufruf für *SUSPEND* bereit. Dies ist in der Linuxwelt allgemein bekannt und wird üblicherweise in der Weise umgangen, dass der zu suspendierende Thread eine blockierende Anweisung (z.B. Warten auf Semaphore oder Pipe) ausführt. Die Fortsetzung dieses Threads — in PEARL per *CONTINUE* ausgelöst — erfolgt durch Lösen der Blockadeanforderung.

PEARL erfordert nach Sprachdefinition die Möglichkeit der Suspendierung einer Task durch andere Tasks. Hierzu wird bei UNIX üblicherweise ein Signalhandler eingeführt, der eine blockierende Aktion ausführt. Die externe Unterbrechungsanforderung wird dann durch Auslösen des entsprechenden Signals erzwungen. Die Task wird damit sofort angehalten.

Die Implementierung von *TERMINATE* bringt dieses Konzept zum Versagen, da hier ein fremdsuspendierter Thread im Signalhandler terminiert werden

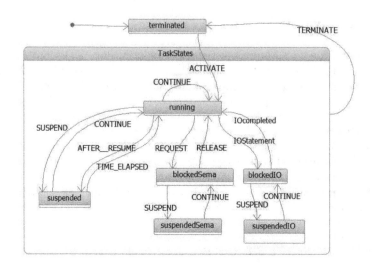

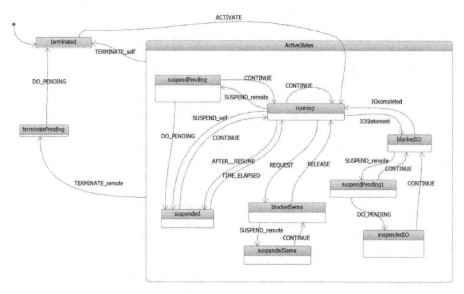

Abb. 2. Taskzustandsdiagramm entsprechend den Ausführungen in [3] (oben) und der Implementierung unter Linux (unten)

müsste. Dies führt reproduzierbar zu einem Absturz der gesamten Anwendung. Daher wurde ein anderer Ansatz verfolgt:

— Anstelle der Unterbrechung per Signalhandler erfolgt die externe Unterbrechungsanforderung per Flag, welches in der laufenden Anwendung vor jeder PEARL-Anweisung geprüft wird.
— Bei der externen Terminierungsanforderung wird analog verfahren.

Dies hat zur Folge, dass

— weitere Zustände in Abb. 2 (unten) eingeführt wurden (SUSPEND_pending und TERMINATE_pending)
— die externen Aufrufe von *SUSPEND* und *TERMINATE* vor der Fertigstellung der Aktion zur aufrufenden Task zurückkehren.
— ein stabiler Betrieb einer PEARL-Anwendung, die diese Mechanismen nutzt, möglich wird.

Der zweite Punkt ist unschön, aber dennoch in Deckung mit dem Sprachreport, da dieser an dieser Stelle sehr ungenau ist. Für die Verständlichkeit von PEARL ist dies nicht förderlich. Die Autoren sind allerdings der Meinung, dass dies tolerabel ist, da *SUSPEND* und *TERMINATE* unter normalen Umständen nie auf eine andere Task angewendet werden sollen. Lediglich bei Notfällen, bei denen ein sicherer Systemzustand durch andere Tasks gestört würde, sind diese Anweisungen sinnvoll. In diesem Fall ist eine Verzögerung bis zur tatsächlichen Unterbrechung oder Terminierung auch nicht erstrebenswert. Bei einer von einer Task selbst ausgelösten eigenen Unterbrechung oder Beendigung werden die geforderten Aktionen synchron ausgeführt.

4.3   Prioritäten und Scheduling unter Linux

Linux stellt ab Kernel 2.6 [1] neben dem üblichen *completely fair scheduler* auch prioritätsgesteuerte Scheduler bereit, die allerdings so genannte root-Rechte vom Anwendungsprogramm erfordern.

Für PEARL-Anwendungen wird der Scheduler *SCHED_RR* eingesetzt, sofern die Rechte ausreichen. Dieser Scheduler stellt Prioritäten von 0 bis 99 zur Verfügung. Dieser Bereich passt nicht zu den Prioritätsbereich von PEARL (1...255). Es wird eine lineare Abbildung der PEARL Prioritäten auf den verfügbaren Bereich durchgeführt, sodass die besten Prioritäten 1:1 auf die verfügbaren Prioritäten abgebildet werden und die Priorität 255 auf die schlechteste verfügbare Priorität (99). Die beste Linuxpriorität ist für Systemarbeiten reserviert. Falls nicht abbildbare Prioritäten genutzt werden, so führt dies zu einem PEARL Signal.

4.4   Systemteil und Datenstationen

Der Sprachreport ist bezüglich des Systemteils sehr kurz gefasst. Es wird lediglich eine Syntax vorgegeben, bei der ein Systemgerät durch einen Namen und maximal 4 nicht negative ganze Zahlen repräsentiert wird.

Dies ist im dritten Jahrtausend nicht mehr angemessen. Die früher nummerierten Peripherieschnittstellen werden heutzutage mit einem Namen bezeichnet (z.B. /dev/ttyS0). Dieser Teil der Sprachdefinition wurde daher bei der Umsetzung ignoriert.

Für ein Systemgerät ist eine C++-Klasse bereitzustellen, deren Konstruktor ein dem Gerät angepasste Parameterliste hat. Am Beispiel eines Festplattenbereichs:

```
disc: Disk('/home', 10);
```

Der erste Parameter bezeichnet das Verzeichnis für die im OPEN-Statement per IDF benannten Dateien. Der zweite Parameter spezifiziert hier die maximale Anzahl von Benutzerdatenstationen auf diesem Systemgerät, sodass die Anlage von Puffern problemangemessen erfolgt.

Es werden derzeit folgende Systemgeräte bereitgestellt:

Disc für Verzeichnisse, in denen Dateien angelegt und gelesen werden.

StdStream für die linuxüblichen Pfade *stdin*, *stdout* und *stderr*.

Pipe als benannte Pipe für Testzwecke und spätere Kommunikation mit externen Anwendungen.

OctopusDigIn, OctopusDigOut für eine digitale Ein- und Ausgabe über das Octopusboard [4] von Embedded Projects. Die Auswahl der ersten Peripherieboards erfolgte unter dem Aspekt der geringen Kosten und des einfachen Anschlusses per USB, sodass PEARL auch auf Laptops sinnvoll eingesetzt werden kann. Leider wurde beim Verfassen dieses Artikels festgestellt, dass dieses Board abgekündigt wurde. Es existiert ein fast identisches Entwicklungskit von ATMEL [5].

Für Sytemdatenstationen sind die Operationsprimitive für *open, close, read, write* und *seek* zu implementieren sowie eine Methode zur Meldung der bereitgestellten Geräteeigenschaften wie z.B. FORWARD, DIRECT, IN, OUT, INOUT.

Formatierung, Positionierung und Fehlerbehandlung erfolgt im plattformunabhängigen Bereich. Dort erfolgt auch die Koordination mit dem Taskscheduling. Für das Problem mit der Suspendierung einer Task während einer Ein-/Ausgabeoperation wurde der Ansatz von RTOS-UH [7] verfolgt, wo die Suspendierung erst mit der Abarbeitung einer SKIP-Anweisung erfolgt, sodass keine Zerstückelung von Datensätzen erfolgt.

5   Ergebnisse

Der aktuelle Stand der Entwicklung des Laufzeitsystems ist aus Tabelle 1 und der des Übersetzers aus Tabelle 2 ersichtlich. Der Code für x86-Linux umfasst derzeit circa 6400 Zeilen reinen Quelltext (inkl. Templatedefinitionen), wovon mehr als 50% unabhängig von der Zielplattform sind. Der Treiber für Digital-E/A hat einen Umfang von ca. 200 Zeilen reinem Quelltext.

Tabelle 1. Stand der Entwicklung im Laufzeitsystem

Datentypen	FIXED(1..63), BIT(1..64), CHAR(1..32767)	fertig (per Templates)
	CLOCK, DURATION, SEMA, REF CHAR	fertig
Tasking		mit den oben beschriebenen Einschränkungen bereit
DATION	TAKE/SEND	fertig
	PUT/GET	Formate A, F, X, SKIP, PAGE fertig; B, D und T-Format sind vorbereitet
	READ/WRITE	für feste Datentypen fertig; für ALL muß noch geklärt werden, wie hier die Positionierung erfolgt

Tabelle 2. Stand der Entwicklung des Übersetzers

Sprachumfang	Ausdrücke	fertig bis auf Typprüfung
	Bedingungen	weitgehend fertig
	Schleifenkonstrukte	fehlt
	Tasks	weitgehend fertig
	Synchronisierung	weitgehend fertig
	Ein- und Ausgabe	fehlt
	Systemteil	fehlt
	PEARL-spezifische Funktionen	teilweise implementiert
	Prozeduren	Parameterübergabe fehlt
Semantische Analyse	Symboltabellenverwaltung	weitgehend fertig
	Typüberprüfungen	einfache Prüfungen vorhanden
Fehlerbehandlung	Syntaxfehler	weitgehend fertig
	Semantikfehler	siehe oben
Codegenerierung	StringTemplates	für unterstützte Konstrukte fertig

Literaturverzeichnis

1. Robert Love: Linux Kernel Development, third Edition, PEARSON Education, 2010
2. Holger Kölle: Sprachmapping von PEARL auf die Linux Systemschnittstelle. Bachelorthesis HS Furtwangen, Sommersemester 2012.
3. GI Fachgruppe 4.4.2: PEARL90 – Sprachreport, Version 2.0, 1995.
4. Embedded Projects: Octopus HUT, http://wiki.embedded-projects.net/index.php?title=Octopus
5. ATMEL: AT90USBKEY,   http://www.atmel.com/tools/at90usbkey.aspx
6. Aho, Alfred V. and Sethi, Ravi and Ullman, Jeffrey D.; Compilers: Principles, Techniques, and Tools; Addison-Wesley (1986)
7. W. Gerth: RTOS-UH, Version 21.6.2006
8. Parr, Terence; The Definitive ANTLR 4 Reference; Pragmatic Bookshelf (2013)
9. Parr, Terence; Language Implementation Patterns: Create Your Own Domain-Specific and General Programming Languages; Pragmatic Bookshelf (2009)
10. Gamma, Erich and Helm, Richard and Johnson, Ralph and Vlissides, John; Design Patterns: Elements of Reusable Object-oriented Software; Addison-Wesley (1995)

Konzeption und prototypische Umsetzung des E/A-Systems für einen PEARL-Compiler

Holger Kölle

Hochschule Furtwangen – Campus Tuttlingen, 78532 Tuttlingen
kh@hs-furtwangen.de.de

Zusammenfassung. Dieses Dokument beschreibt Konzeption und prototypische Umsetzung des I/O-Systems einer Linux Laufzeitumgebung
für einen PEARL-Compiler. Aufbauend auf den Voruntersuchungen aus
[1] entstand das OpenSource-Projekt „smallpearl" [3]. In diesem Projekt
entsteht ein PEARL-Compiler, der PEARL-Quellcode in die Zwischensprache C++ übersetzt und mit einer eigenen Laufzeitbibliothek zusam-
menführt, um das Laufzeitverhalten von PEARL zu ermöglichen. Das
erste angedachte Laufzeitsystem ist Linux. Diese Arbeit beschreibt ein
Konzept sowie eine prototypische Implementierung des gesamten I/O-
Systems der Laufzeitumgebung. Grundlage dafür bilden die bestehenden Artefakte der Laufzeitumgebung des „smallpearl"-Projektes [3]. Das
Konzept des I/O-System umfasst Ein- und Ausgaben von Peripheriegeräten, eine offene Treiberschnittstelle und das Interruptsystem, dessen
Verhalten der PEARL-Spezifikation [2] entspricht. Die prototypische Implementierung realisiert nicht das Interruptsystem.

1 Einleitung

Die Programmiersprache PEARL (**P**rocess and **E**xperiment **A**utomation **R**eal-
time **L**anguage) ist im Bereich der höheren Programmiersprachen beheimatet.
Die erste Normung durch die DIN erfolgte im Jahr 1977, die letzte 1998, bekannt als PEARL90. Ziel von PEARL ist eine leichte Erlernbarkeit sowie die
möglichst rechnerunabhängige, komfortable und sichere Programmierung von
Echtzeit-Multitasking Systemen [5].

Vor einigen Jahren entwickelte die Firma Werum einen PEARL-Compiler.
Ein großer Vorteil war, dass der Compiler die nativen Ressourcen eines Linux-
systems direkt nutzen konnte [6]. Unglücklicherweise lässt er sich auf aktuellen
Linux-Derivaten nicht mehr nutzen, aufgrund der zahlreichen Veränderungen
der C-Bibliotheken (gcc) in den letzten Jahren. Das bedeutet, dass der Werum
Compiler nur mit entsprechend veralteten Linuxderivaten nutzbar ist [6].

Eine andere Möglichkeit, PEARL heutzutage noch zu nutzen, sind spezielle Betriebssysteme, z.B. RTOS-UH. Dieses funktioniert aber nur auf spezieller
Hardware oder in einer virtuellen Umgebung [5, 9]. Weil PEARL allerdings immer noch unter anderem in der Lehre [10] verbreitet ist, entstand die Idee, einen
neuen PEARL-Compiler zu entwickeln. Dieser sollte PEARL-Quelltext in C++-
Code (als Zwischensprache) übersetzen, der nach den sprachlichen Vorgaben von

PEARL in einer eigenen Laufzeitumgebung (ebenfalls C++) ausgeführt wird. Als erstes Laufzeitsystem wurde Linux ausgewählt.

Die primären Ziele des Projektes [4] sind, einen PEARL-Compiler zu entwickeln, der

- auf Linux läuft und für Linux übersetzt,
- native Linuxressourcen nutzt,
- evtl. sogar real-time-Linux mit berücksichtigt,
- unter GPL o.ä. steht.

Im Vorfeld des Projekts wurde im Sommersemester 2012 eine Machbarkeitsstudie im Rahmen einer Bachelorthesis durchgeführt [1]. Im Anschluss wurde das Open-Source-Projekt „smallpearl" [3] gestartet, um die Idee des neuen Compilers zu verwirklichen. Die vorliegende Arbeit baut auf dem aktuellen Stand des Projektes „smallpearl" auf. Außerdem werden die Ergebnisse dieser Arbeit direkt in dieses Projekt einfließen. Das Projekt ist aufgeteilt in zwei große Bereiche, zum einen den Compiler, der den PEARL-Quelltext in die Zwischensprache C++ übersetzt und die Laufzeitbibliothek, die mit dem generierten Code verwoben wird, damit dieser nach dem in [2] spezifizierten Kriterien ausgeführt werden kann.

2   Abgrenzung und Einschränkungen

In dieser Arbeit sollen die wichtigsten I/O- und Interruptkonstrukte von PEARL auf eine entsprechende Linux-Laufzeitumgebung abgebildet werden. Dies betrifft entsprechend [2] Kapitel 9.4, 10 und 11 folgende PEARL-Konstrukte:

- Interrupts und Interruptanweisungen
- Ein- und Ausgabe
  - Systemteil und Vereinbarung von Datenstationen
  - Öffnen/Schließen von Datenstationen, sowie READ- und WRITE-Anweisung
  - GET- und PUT-Anweisung, sowie Formatierungsanweisungen
  - Die CONVERT-Anweisung
  - Die TAKE- und SEND-Anweisung
  - Fehlerbehandlung bei Ein- und Ausgabe
  - Offene Schnittstelle für zusätzliche Treiber

3   Analyse

3.1   Interrupts

Eine sinnvolle Lösung ist, einen Callback-Mechanismus anstatt von Linux-Signals zu nutzen. Die Laufzeitumgebung stellt bereits einen Taskkontrollblock mit Methoden zur zeitlichen Einplanung von Tasks (activate(..),...) und den entsprechenden Timern zur Verfügung. Innerhalb der activate(..)-Methode ist bereits ein Parameter für Interrupts vorgesehen, welcher aber noch nicht implementiert ist. Interrupts in PEARL können in Kombination mit `activate(..)` und `continue(..)` sowie deren zeitlichen Steuerungsmöglichkeiten genutzt werden [2]. Der Compiler könnte nun bei Auftreten einer Interrupteinplanung den C++-Code zum Aufruf der bereits bestehenden `activate(..)`- oder `continue(..)`-Methode mit den entsprechenden (zeitlichen) Parametern erzeugen. Methodenintern kann die Anweisung für den Interruptparameter derart angepasst werden, dass vom Interruptobjekt eine entsprechende Methode aufgerufen wird. Weiterhin kann im Taskkontrollblock der Timer für die zeitliche Steuerung (falls nötig) geladen, aber noch nicht gestartet werden. Wenn dann der passende Interrupt auftritt, muss das Interruptobjekt schließlich nur noch den Timer bzw. den Task direkt starten.

Mit dieser Lösung lässt sich die Schnittstelle zwischen dem Interruptobjekt und dem Taskkontrollblock möglichst gering halten. Das Taskobjekt muss sich die entsprechenden Einplanungen selbst merken. Durch die bereits bestehende Implementierung der Tasksteuerung lässt sich der Implementierungsaufwand verringern und die Übersichtlichkeit erhöhen, da keine Linux-Signals sowie entsprechende Signalhandler realisiert werden müssen.

3.2 Abbildung des Datenstationskonzepts

Unter der Voraussetzung, dass ein PEARL-Compiler für verschiedene Systeme verfügbar ist, bietet das PEARL-Datenstationskonzept wesentliche Vorteile. Aufgrund dessen, dass Systemdatenstationen die Schnittstellenbeschreibung zum Gerät auf Betriebssystemebene darstellen, sind nur diese plattformabhängig. Im Gegensatz dazu besteht in der Linux Welt hingegen der Grundsatz „alles ist eine Datei". Die Treiber für ein Gerät werden dynamisch oder statisch in den Kernel gelinkt. Damit aber anschließend auf das Gerät zugegriffen werden kann, wird eine „spezielle" Gerätedatei zur Verfügung gestellt. Der Zugriff auf diese kann dann mittels den gebräuchlichen Lese- und Schreiboperationen für Dateizugriffe erfolgen [7].

Damit das Datenstationskonzept abgebildet werden kann, muss ein eigenes Klassenkonzept entworfen werden. Durch die beschriebenen Vorgaben der Projektstruktur sollte im Klassenkonzept eine geschickte Vererbungshierarchie realisiert werden. Die (abstrakten) Basisklassen können dabei die plattformunabhängigen Compilerschnittstellen definieren. Damit kann sichergestellt werden, dass sich diese bei Portierung nicht ändern. Die spezialisierten Klassen der untersten Hierarchiestufe müssen linuxspezifisch realisiert werden. Sie könnten die eigentlichen Lese- und Schreiboperationen auf Betriebssystemebene durchführen. Ihre Implementierungen unterscheiden sich auf verschiedenen Systemen zu stark z.B. Linux, FreeRTOS, ... Durch die Trennung in plattformabhängig und -unabhängig fügen sich die Datenstationsklassen in die Struktur des Projekts ein.

3.3   Abbildung von Systemdatenstationen

Eine mögliche Lösung ist, System- und Benutzerdatenstationen direkt nach der Ableitung von der Basisklasse `Dation` aufzuspalten. Sinnvollerweise sollte bei den Systemdatenstationen eine eigene Vorlagenklasse für `BASIC`- und eine für nicht-`BASIC`-Systemdatenstationen erstellt werden. Denn es muss nur unterschieden werden zwischen `BASIC`- und nicht-`BASIC`-Geräten. Diese These wird gestützt durch die Tatsache, dass sowohl bei `ALPHIC` als auch bei `READ/WRITE`-Systemdatenstationen die Kommunikation auf Betriebssystemebene identisch funktioniert. Bei `ALPHIC`-Stationen wird lediglich zusätzlich formatiert vor/nach dem lesen/schreiben. Als nicht-`BASIC` gelten dabei alle Geräte, für die ein Linux Standardtreiber existiert. `BASIC`-Geräte hingegen stellen eigene Bibliotheken zur Kommunikation mit dem Betriebssystem bereit.

3.4   Abbildung von Benutzerdatenstationen

Für den Lösungsvorschlag aus Kapitel 3.3 werden die Benutzerdatenstationen von einer gemeinsamen Vorlagenklasse abgeleitet. Diese ist direkt von der Basisklasse `Dation` abgeleitet. Diese Zwischenschicht kann gemeinsame Schnittstellen vererben sowie gemeinsame Methoden der darunter liegenden Klassen implementieren. Die spezialisierten Benutzerdatenstationsklassen werden reduziert auf `DationPG` und `DationRW`. Benutzerdatenstationen sind Klasseninstanzen dieser beiden spezialisierten Klassen. `DationTS` entfällt, da bei `BASIC`-Geräten direkt mit der Systemdatenstation gearbeitet wird. Dabei wird angenommen, dass bei dieser Art von Geräten keine Benutzerdatenstationen genutzt werden.

3.5   Gliederung von Datenstationen

Die Zugriffsattribute bei der Gliederung von Datenstationen werden zum aktuellen Zeitpunkt vom Compiler nicht unterstützt. Aufgrund des begrenzten zeitlichen Rahmens sowie der Komplexität dieser Angelegenheit wird der Prototyp vorerst nur bestimmte Arten der Positionierung erlauben. Diese sind für `ALPHIC`-Datenstationen die relative Vorwärtspositionierung sowie absolute Positionierung in beide Richtungen. Im Bereich der `READ/WRITE`-Datenstationen wird vorerst nur die absolute Positionierung, ebenfalls in beide Richtungen, unterstützt.

Gliederungen werden in allen Dimensionen möglich sein, da diese durch entsprechende Umrechnung nachgebildet werden können. Auch die Unterstützung der mehrdimensionalen Gliederung stellt kein Problem dar. In der entsprechenden Datenstationsklasse muss lediglich umgerechnet werden, weil die POSIX-Funktionen zur Positionierung nur byteweise eindimensional positionieren. Für die Ein- und Ausgabe-Anweisungen in zeichenorientierter Darstellung sind Formatierungen über ASCII-Steuerzeichen möglich.

3.6 Treiberschnittstellen

Die Entwürfe aus den Kapiteln 3.2, 3.3 und 3.4 schaffen bereits offene Treiber-schnittstellen für weitere benutzerdefinierte Geräte. Will nach diesen Entwürfen später ein Nutzer ein neues Gerät in die Laufzeitumgebung integrieren, so sind im wesentlichen nur zwei Schritte nötig. Im ersten Schritt muss für das Systemgerät je nach Typ eine neue Systemdatenstationsklasse von der entsprechenden Vorlagenklasse abgeleitet werden. Abschließend müssen die vorgegebenen Schnittstellen in der Geräteklasse implementiert werden. Für Geräte, die zusätzliche Bibliotheken zur Kommunikation benötigen (häufig bei BASIC-Geräten), müssen diese selbstverständlich zur Laufzeitumgebung hinzugefügt werden.

3.7 Die OPEN-/CLOSE-Anweisung

Die OPEN- und CLOSE-Anweisungen von PEARL lassen sich unter Linuxsystemen mit den POSIX-Funktionen fopen(..) und fclose(..) [8] realisieren. Allerdings besitzt PEARL mehr OPEN- (CLOSE-)Parameter als die entsprechenden Funktionen der Linuxvarianten. Die optionalen Parameterangaben beim Öffnen sind nur gültig für dateibasierte Datenstationen [2]. Deshalb muss an dieser Stelle unterschieden werden, ob es sich bei einer Systemdatenstation um den Pfad zu einer Standarddatei oder einer Gerätedatei handelt.

Für die Attribute ANY, NEW und OLD dateibasierter Stationen kann problemlos innerhalb der dationOpen()-Methode eine Fallunterscheidung genutzt werden. Problematisch jedoch ist die optionale Angabe eines Dateinamens (IDF). Wenn die zugehörige Systemdatenstation den vollständigen Pfad zu einer normalen Datei enthält, steht dies im Konflikt zum IDF-Namen, welcher beim Öffnen angegeben werden kann. Zur Vermeidung dieses Konflikts wird festgelegt, dass dateibasierte Systemdatenstationen nur einen Pfad bis zur Verzeichnisebene enthalten dürfen. Für nicht dateibasierte Systemdatenstationen gilt diese Einschränkung nicht, da für diese das IDF-Attribut nicht relevant ist. Sie müssen den gesamten Pfad bis zur Gerätedatei beinhalten (z.B. „/dev/ttyS0").

In Linuxsystemen existieren jedoch zusätzlich Geräte, die nicht über einen Pfad angesprochen werden können. Bei diesen ist es nur möglich, einen bereits geöffneten Dateideskriptor vom Betriebssystem zu bekommen (z.B. stdin, stdout und stderr). In bereits angeschnittener Fallunterscheidung muss dieser Sonderfall einbezogen werden. Die verbleibenden Parameter können über eigene Methoden und Attribute der entsprechenden Benutzerdatenstationsklasse nachgebildet werden.

3.8 Die READ-/WRITE-Anweisung

Die READ- und WRITE-Anweisungen von PEARL kommunizieren ohne Wandlung der rechnerinternen Darstellung mit der jeweiligen Datenstation. Damit sie zum Datenaustausch mit einer Datenstation genutzt werden können, muss das Klassenattribut den Wert Typ der Übertragungsdaten (nachfolgend als RW bezeichnet) besitzen. Beispielwerte sind: ALL, FIXED, FLOAT, ... READ- und

WRITE-Funktionen können abgebildet werden auf die beiden POSIX-konformen Linuxfunktionen fread(..) und fwrite(..). Diese lesen/schreiben ebenfalls ohne Wandlung der rechnerinternen Darstellung. Sie ermöglichen blockweises (mehrere Blöcke mit n bytes) lesen bzw. schreiben.

3.9   Die GET-/PUT- und CONVERT-Anweisung

Die GET-/PUT-Anweisung wird zum Datenaustausch mit Wandlung der rechnerorientierten in eine zeichenorientierte Darstellung verwendet. Der grundsätzliche Lese-/Schreibvorgang auf Betriebssystemebene funktioniert analog dem der RW-Datenstationen. Die Daten werden jedoch nach dem Lesen bzw. vor dem Schreiben gewandelt. Nach dem Lesen werden die Daten von einer formatierten Zeichenkette wieder in einen beliebigen Datentyp (je nach Angabe) gewandelt, um ihn beispielsweise in einer Variable zu speichern. Im Gegensatz dazu wird vor dem Schreiben von einem beliebigen Datentyp in eine formatierte Zeichenkette gewandelt.

In der bestehenden Laufzeitumgebung sind Klassen für die einzelnen Datentypen von PEARL vorhanden. Diese Klassen besitzen bereits Methoden zur entsprechenden Wandlung des jeweiligen Datentyps. Den Umwandlungsmethoden können entsprechende Hilfsobjekte zum Lesen/Schreiben übergeben werden. Die Formatierungsmethoden nutzen diese Objekte, um die jeweiligen Daten unter Hinzufügen/Entfernen der Formatierung zu Schreiben/Lesen. Enthält das Hilfsobjekt eine Zeichenkette als Quelle/Senke, ist damit bereits die CONVERT-Funktionalität realisiert.

Durch diese Umstände bietet es sich für ALPHIC-Datenstationen an, ebenfalls die bestehenden Formatierungsmethoden der Datentypen zu nutzen. Die Datenstation steuert also im wesentlichen lediglich spezielle Datenstationseigenschaften wie Öffnen/Schließen, Gliedern, Positionieren und die Fehlerbehandlung.

3.10   Die TAKE-/SEND-Anweisung

BASIC-Datenstationen sind gedacht, um Prozessdaten einer benutzerdefinierten Datenstation zu lesen/schreiben, z.B. Motoren, LEDs, ... Weil diese Datenstationen in der Regel herstellerspezifische Bibliotheken zur Kommunikation benötigen, ist es nicht möglich, für sie bereits konkrete Methoden zu definieren. Es können lediglich abstrakte universelle Schnittstellen vorgegeben werden, die an die entsprechende Geräteklasse vererbt werden. Die Schnittstellen sind dann in der jeweiligen Geräteklasse selbst zu realisieren.

3.11   Positionierung auf Datenstationen

Um die absolute Positionierung in allen Dimensionen zu unterstützen, kann innerhalb einer Benutzerdatenstationsklasse die POSIX-kompatible Funktion fseeko(..) genutzt werden. Weil diese Funktion allerdings eindimensional byteweise positioniert, PEARL hingegen elementweise in verschiedenen Dimensionen, muss entsprechend umgerechnet werden. Die Schrittweite entspricht in der Regel der Größe des Datentyps (in byte), der im Klassenattribut angegeben wurde. Beim Klassenattribut ALL können alle Typen übertragen werden, daher wird für diesen die Schrittweite 1 byte festgelegt.

Bei ALPHIC-Datenstationen kann die absolute Positionierung entsprechend RW-Stationen realisert werden. Lediglich die Schrittweite wird auf 1 byte (ein Zeichen) festgelegt. Die relative Positionierung für ALPHIC-Datenstationen kann mittels Leerzeichen, sowie ASCII-Steuerzeichen realisiert werden. Insgesamt gilt für den Protoyp für das Zugriffsattribut als Standardannahme DIRECT und CYCLIC.

3.12 Nebenläufigkeit

3.13 Paralleler Zugriff auf Datenstationen

Im einfachsten Fall, kann der parallele Zugriff auf ein Datenstationsobjekt abgesichert werden durch einen POSIX-Mutex. Dazu hält jede Benutzerdatenstationsklasse eine Mutex-Variable vor, sowie Methoden zum Sperren und Entsperren dieser. Wenn der smallpearl-Compiler Datenstationsoperationen übersetzt, können davor und danach automatisch die entsprechenden Methodenaufrufe zum Sperren und Entsperren hinzugefügt werden. Die Laufzeitumgebung stellt bereits eine Klasse PriorityQueue zur Verfügung. Daher wäre eine andere Option, diese zu nutzen, um innerhalb von Benutzerdatenstationsklassen eine eigene Warteschlange zu realisieren.

3.14 Terminierung/Suspendierung eines Tasks während des Gerätezugriffs

PEARL spezifiziert diverse Möglichkeiten zur Steuerung von Tasks. So kann beispielsweise ein Task von anderen Tasks suspendiert (schlafen gelegt) oder terminiert werden. Bezogen auf die Arbeit mit Datenstationen führt dies zu einem Problem. Es ist kein Verhalten in [2] festgelegt, wenn ein Task während der Kommunikation mit einer Datenstation fremdsuspendiert oder -terminiert wird.

Die Laufzeitumgebung des smallpearl-Projekts stellt bereits eine Klasse zur Verwaltung der Tasks und deren Steuerungsmöglichkeiten bereit. Die Tasks könnten daher um ein Attribut erweitert werden. Dieses Attribut wird gesetzt, wenn der Task auf einem Datenstationsobjekt arbeitet. Ist das der Fall, kann die Taskverwaltung eine Suspendierung oder Terminierung des Tasks verweigern. Anstatt der Verweigerung könnte die Aktion auch ausgeführt und die Datenstationsressourcen freigegeben werden.

3.15 Mögliche Kategorisierung nach Geschwindigkeit

Ist eine Optimierung des Echtzeitverhalten gewünscht, sollte sichergestellt werden, dass Lese- und Schreibanfragen von niedrig priorisierten Tasks die von höher priorisierten nicht behindern. Mit den bereits vorgestellten Konzepten sollte es später problemlos möglich sein, für langsame Geräte ein Warteschlangensystem, dass nach Prioritäten sortiert ist, zu implementieren. Möglich wäre dies im Kontext der anfragenden Task oder eines eigenen Threads für das Gerät.

4 Design

Zur besseren Übersicht wurden die Designs auf mehrere Abbildungen verteilt. Abbildung 1 zeigt das finale Klassendesign für Systemdatenstationen.

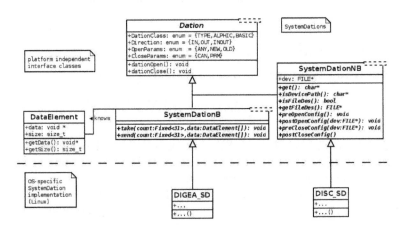

Abb. 1. Finales Klassendiagramm für Systemdatenstationen

Die Interfaceklassen für Systemdatenstationen sind direkt von der Basisklasse `Dation` abgeleitet. Sie erben deren abstrakte Attribute und Methoden, so dass diese in jeder konkreten Systemdatenstationsklasse selbst implementiert werden müssen. Abbildung 2 zeigt das endgültige Klassenmodell für Benutzerdatenstationen.

Die Benutzerdatenstationen sind ebenfalls von der abstrakten Klasse Dation abgeleitet. Sie besitzen eine eigene Klasse `UserDation`, die gemeinsame Attribute und Methoden definiert. Methoden, die nur die gleichen Compilerschnittstellen definieren, aber unterschiedlich implementiert werden müssen, werden an die entsprechenden Unterklassen weitervererbt. Gemeinsame Methoden, die gleich implementiert werden können, sind im plattformabhängigen Teil von `UserDation` implementiert (z.B. Methoden für Positionierung). Allerdings könnten sie bei Bedarf überschrieben werden. Die nächste Stufe bilden die Klassen `DationRWcommon` und `DationPGcommon`. Sie implementieren Methoden, die für die beiden Benutzerdatenstationsarten zwar unterschiedlich sind, aber dennoch betriebssystemunabhängig. Auf der untersten Ebene der Vererbungshierarchie folgen letztendlich die betriebssystemabhängigen Klassen für die beiden Typen von Benutzerdatenstationen `DationRW` und `DationPG`.

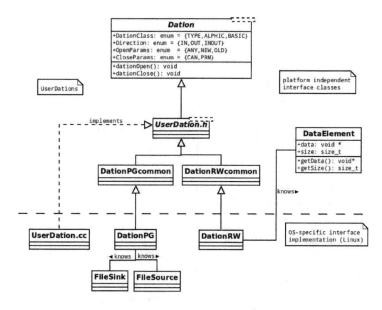

Abb. 2. Finales Klassendiagramm für Benutzerdatenstationen

4.1 Gesamtdesign

In [2] ist spezifiziert, dass sich System- und Problemteil eines PEARL-Programms getrennt übersetzen lassen. Es darf einen System-, aber mehrere Problemteile geben. Aber es ist nicht festgelegt, in welcher Reihenfolge System- und Problemteile übersetzt werden. Weiterhin werden Datenstationen und Interruptgeräte im Systemteil gleich behandelt. Die eigentliche Festlegung, ob Datenstation oder Interrupt erfolgt erst im Problemteil. Diese beiden Tatsachen verursachen ein grundsätzliches Problem in typsicheren Programmiersprachen wie C++, weil bei diesen zur Übersetzungszeit alle Datentypen feststehen müssen.

Um dieses Problem zu umgehen, wird eine neue Basisklasse `Device` hierarchisch oberhalb von `Dation` angesiedelt. Sie besitzt weder Attribute noch Methoden. Sie dient nur dem Zweck der „Verpackung von Systemgeräteklassen". So wird jedes Systemgeräteobjekt als `Device` verpackt an den Problemteil übergeben und anschließend dort wieder „ausgepackt" (Zurückgecastet) in seine jeweilige Vorlagenklasse (z.B. `SystemDationNB`). Anhand des Deklarationsstatements im PEARL-Problemteil weiß der Compiler, in welche spezialisierte Klasse umgewandelt werden muss. Somit ergibt sich für die Gesamtarchitektur das Modell laut Abbildung 3.

5 Fazit

Das erarbeitete Design wurde prototypisch nach den Vorgaben umgesetzt und ausgiebig getestet. Die Ergebnisse flossen direkt in das Projekt „SmallPearl" mit

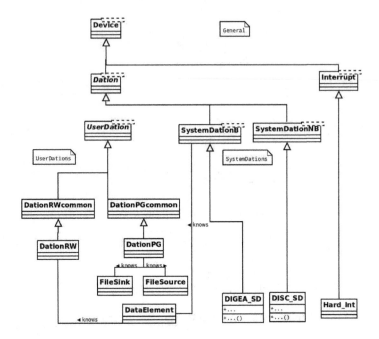

Abb. 3. Finales Klassenmodell für Datenstationen und Interrupts

ein. Später entdeckte kleinere Mängel des Prototyps wurden beseitigt sowie der Prototyp um fehlende Funktionen erweitert. Aufbauend auf diesem Design wird noch eine genauere Untersuchung der Nebenläufigkeitsaspekte von Nöten sein, da dies im engen zeitlichen Rahmen dieser Arbeit leider nicht möglich war.

Literaturverzeichnis

1. Sprachmapping von PEARL auf die Linux Systemschnittstelle (Bachelorthesis), Kölle, Hochschule Furtwangen, Sommersemester 2012
2. PEARL 90 Sprachreport, Version 2.0, Januar 1995
3. OpenSource Projekt Smallpearl, Müller, Schaible http://sourceforge.net/projects/smallpearl/
4. http://www.real-time.de/ak-compiler.html
5. http://www.irt.uni-hannover.de/pearl/pearlein.html, Zugriff 12.8.2013
6. http://www.real-time.de/ak-compiler.html, Zugriff 12.08.2013
7. Linux-UNIX-Programmierung, Wolf, Galileo Computing 2. Auflage 2006
8. Linux Manual Pages
9. Handbuch RTOS-UH, Prof. Dr.-Ing. W. Gerth, Universität Hannover, 2006 http://www.irt.uni-hannover.de/rtos/pub/HANDBUCH/Aktuell/rtosh.pdf, Zugriff 16.9.2013
10. http://www.irt.uni-hannover.de/pearl/prllehre.html, Zugriff 16.9.2013

Sensorsimulation in Hardware-in-the-Loop-Anwendungen

Kristian Trenkel und Florian Spiteller

iSyst Intelligente Systeme GmbH
90411 Nürnberg
{kristian.trenkel|florian.spiteller}@isyst.de

Zusammenfassung. Dieser Beitrag stellt eine modulare und erweiterbare Plattform für die Simulation verschiedener Sensoren mit digitaler Schnittstelle – wie zum Beispiel SPI, PSI5, SENT und LIN – vor. Auf Basis einer einheitlichen Mikrocontroller-Plattform ist die Simulation verschiedenster Sensoren mit unterschiedlichen Schnittstellen in Echtzeit möglich. Über die verwendete CAN-Schnittstelle ist die echtzeitfähige Integration in bestehende Test- und Entwicklungssysteme einfach möglich. Die vorgestellte Plattform ist dabei als Hilfsmittel für die Entwicklung und den Test einsetzbar. Des Weiteren wird die Erweiterbarkeit der Plattform für Sensorschnittstellen aus anderen Domänen, wie zum Beispiel IO-Link aus der Automatisierungsindustrie, aufgezeigt.

1 Einleitung

In den letzten Jahren hat der Funktionsumfang von eingebetteten Systemen, die u.a. häufig in der Automatisierungstechnik und im Automobilbereich vorkommen, stark zugenommen. Es wird erwartet, dass dieser Trend sich auch in Zukunft fortsetzt und neben der bloßen Funktionsvielfalt auch die Interaktion mit der Umwelt immer weiter zunimmt. Neben der Vernetzung mit anderen eingebetteten Systemen erfolgt eine direkte Interaktion dabei über Sensoren und Aktoren [1]. Bisher kamen hier Schnittstellen mit analogen - bzw. PMW-Signalen zum Einsatz. Für aktuelle Sensoren werden immer häufiger digitale Schnittstellen verwendet. Im Automobil-Bereich sind hier SPI, PSI5 oder SENT zu nennen. Im industriellen Umfeld ist IO-Link weit verbreitet. Mit diesen Schnittstellen werden neue Anforderungen an die Entwicklung und den Test von Steuergeräten gestellt.

In der Entwicklungs- und Testphase stehen meist reale Sensoren zur Verfügung. Diese erlauben aber nur die Verwendung im regulären Betriebsmodus. Weder während der Entwicklung noch während des Tests ist es mit realen Sensoren möglich Fehlerfälle umfassend zu prüfen. Bei Sensoren mit analoger- oder PWM-Schnittstelle lassen sich deren Ausgangssignale leicht mit Signalgeneratoren nachbilden. Für die heute verbreiteten digitalen Sensorschnittstellen stehen solche einfachen Lösungen nur bedingt zur Verfügung. Weiterhin stellen aktuelle Sensoren neben den eigentlichen Sensorwerten eine große Anzahl von Diagnose-

und Konfigurationsfunktionen zur Verfügung. Am Markt verfügbare Simulatoren, zum Beispiel für PSI5, sind meist nur mit einer USB-Schnittstelle ausgerüstet und lassen sich nicht echtzeitfähig in ein Entwicklungs- oder Testsystem einbinden.

2   Sensorschnittstellen

2.1   Bisher verwendete Sensorschnittstellen

Bisher kommen im Automotive-Bereich, aber auch in anderen Bereichen der Industrie, verbreitet Sensoren zum Einsatz, welche den Sensorwert als Analogsignal oder PWM-Signal ausgegeben. Diese Sensoren werden typischerweise über drei Leiter angeschlossen, welche die Versorgungsspannung (z. B. 5 V), Masse und das eigentliche Sensorsignal beinhalten. Die übertrage Information kann dabei als Strom oder Spannung dargestellt sein. Ein Austausch von weiteren Informationen, wie zum Beispiel Diagnoseinformationen des Sensors, ist nicht möglich. Eine Fehlererkennung erfolgt über die Betrachtung des eigentlichen Sensorsignales und die Lage des Signals in definierten Grenzen.

2.2   Digitale Sensorschnittstellen

Aktuell kommen immer häufiger Sensoren mit digitalen Schnittstellen zum Einsatz. Diese ermöglichen einerseits mehrere Sensorsignale von einem einzelnen Sensor zu erhalten. Andererseits ist es möglich, Diagnose- und Statusinformationen direkt vom Sensor zu empfangen. Damit ist eine erweiterte Fehlererkennung realisierbar, was wiederum in Bereich der sicherheitskritischen Anwendungen, wie zum Beispiel Airbag-Steuergeräte, wichtig ist. Beispielhaft für digitale Sensorschnittstellen seien hier SPI, PSI5 und SENT betrachtet.

SPI (Serial Peripheral Interface) [4] ist ein bidirektionales, synchrones, serielles Protokoll, welches häufig für die Kommunikation von ICs auf Platinen zum Einsatz kommt. Es werden dabei 3 Datenleitungen verwendet – Master-In-Slave-Out (MISO), Master-Out-Slave-In (MOSI) und Takt (CLK). Optional kann noch eine vierte Leitung als Chip-Select (CS) zum Einsatz kommen.

PSI5 (Peripheral Sensor Interface 5) [3] ist eine Zweidraht-Schnittstelle, welche synchron oder asynchron betrieben werden kann. Für die Kommunikation vom Sensor (Slave) zum Steuergerät (Master) kommt eine Strommodulation mit Manchester-Codierung zum Einsatz. Für die Kommunikation vom Steuergerät zum Sensor kommt eine Modulation der Versorgungsspannung zum Einsatz. PSI5 ist für die Anbindung von Sensoren im Automotive-Bereich entwickelt worden.

SENT (Single Edge Nibble Transmission – SAE J2716) [2] ist ein unidirektionales, asynchrones Protokoll, welches drei Leitung für Versorgungsspannung, Masse und Signal verwendet. Das Signal wird als modulierte Signalspannung mit konstanter Amplitude und unterschiedlicher Pulslänge für jedes Nibble (4 Bit) übertragen. Es ist für die Anbindung von Sensoren im Automotive-Bereich entwickelt worden.

Außerdem kommt im Automotive Bereich häufig noch LIN (Local Interconnect Network) [5] zum Einsatz.

Aus dem Bereich der Industrieautomatisierung sei hier noch IO-Link [6] beispielhaft erwähnt. Es ist ebenso, wie die zuvor genannten Standards aus dem Automotive-Bereich, umsetzbar.

3 Anforderungen an eine Sensorsimulation

Ausgangspunkt für die Betrachtung der Anforderungen ist die Nutzung der Simulation für die Entwicklung und den Test. Als erstes ergibt sich damit, dass eine Integration der Sensorsimulation in bestehende Testsysteme möglich sein muss. Weiterhin muss eine Schnittstelle zum Testsystem zum Einsatz kommen, welche die Echtzeitanforderungen für die Vorgabe von Sensorwerten erfüllt. Diese liegen im Automotive-Bereich typischerweise zwischen 500 µs und 1 ms. Nach Betrachtung verschiedener Testsysteme wurde der CAN-Bus als sinnvolle Anbindung ausgewählt. Bei einer Bitrate vom 1 MBit/s benötigt eine CAN-Botschaft mit 8 Byte Nutzdaten 144 µs zur Übertragung. Des Weiteren stehen CAN-Interfaces für den PC zur Verfügung, so dass auch für die Arbeit des Entwicklers die Simulation einsetzbar ist.

Als zweites ist die Echtzeitfähigkeit der eigentlichen Sensorsimulation zu betrachten. Da die Simulation im Fall von SPI und PSI5 als Slave arbeitet und damit in sehr kurzer Zeit – Reaktionszeit $< 1\,\mu s$ – auf die Anfragen sowie den Trigger des Masters bzw. Steuergerätes reagieren muss, ist eine hoch performante Lösung notwendig.

Auf der Seite der eigentlichen Sensorschnittstelle ist es weiterhin notwendig eine flexible Hardware zu realisieren. Wie in Kapitel 2.2 dargestellt, unterscheidet sich die physikalische Ebene der verschiedenen Protokolle deutlich. Daraus ergibt sich die Anforderung nach einer modularen und austauschbaren Hardware für das elektrische Interface der Sensoren. Neben der Anbindung der Sensorsimulation über den CAN-Bus sollte eine schnelle Schnittstelle für zukünftige Erweiterungen zur Verfügung stehen. Im Hinblick auf die Echtzeitfähigkeit und die Bandbreite, unter Berücksichtigung des Preises, zeigte sich Ethernet als sinnvolle Wahl. Es existieren verschiedene Protokolle, wie zum Beispiel Ethernet Powerlink (EPL) [7] oder EtherCAT [9], für eine echtzeitfähige und breitbandige Kommunikation über Ethernet. Es sollte daher auch eine Erweiterbarkeit der Plattform für eine Kommunikation über Ethernet realisiert werden.

Zusammenfassend stellen sich die folgenden Anforderungen an eine modulare, erweiterbare Plattform für die Simulation:

- Aktualisierung der Sensorwerte in 500 µs
- Echtzeitfähige Anbindung an das Testsystem über CAN-Bus
- Optionale Einbindung in das Testsystem über Ethernet
- Verarbeitungszeit der Anfragen des Master $< 1\,\mu s$
- Flexibel austauschbare Hardware für das elektrische Sensorschnittstelle

4   Konzept der Sensorsimulationsplattform

4.1   Basiskonzept

Basierend auf den Anforderungen aus Kapitel 3 ließen sich grundlegende Lösungskonzepte für die Plattform erarbeiten.

Als erstes stellte sich die Frage nach der Hardwareplattform zur Ausführung der Sensorsimulation. Hierbei standen zwei Lösungsansätze zur Auswahl. Eine Lösungsmöglichkeit war der Einsatz eines Mikrocontrollers. Die zweite Lösungsmöglichkeit bestand im Einsatz eines FPGAs. Für die hohen Echtzeitanforderungen wäre ein FPGA sehr gut geeignet. Da es zum Beispiel bei SPI aber notwendig ist, komplexere kundenspezifische Protokolle über der eigentlichen SPI-Kommunikation zu implementieren, wurde eine Lösung mittels FPGA als zu aufwändig angesehen. Auch erfordert der FPGA-Ansatz einen höheren Aufwand für die Wartung. Es wurde daher eine Lösung mit einem leistungsfähigen Mikrocontroller gewählt.

Für die Unterstützung der verschiedenen genannten Sensorprotokolle bzw. Sensorschnittstellen bestand zwei verschiedene Möglichkeit zur Umsetzung. Einerseits ist das Design einer komplexen Hardware-Baugruppe, welche alle Schnittstellen unterstützt denkbar. Andererseits ist die Umsetzung einer modularen Lösung möglich. Aus Gründen der Flexibilität wurde eine modulare Lösung, basierend auf einem Prozessor-Board mit Mikrocontroller und verschiedenen Basis-Boards für die unterschiedlichen Protokolle, erarbeitet und realisiert.

4.2   Übersicht über die Plattform

Hardware Wie in Kapitel 4.1 dargestellt, wurde eine modulare Lösung für die Hardware angestrebt. Der resultierende Aufbau ist schematisch in Abbildung 1 dargestellt.

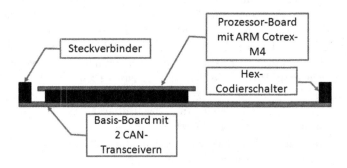

Abb. 1. Schematische Darstellung – Prozessor-Board und Basis-Board

Auf Basis der genannten zeitlichen Anforderungen und der notwendigen CAN-Schnittstelle wurden verschiedene Mikrocontroller evaluiert. Schon die Anforderungen nach einer hohen Taktrate, schnellen Interrupt-Annahmezeiten und dem

Vorhandensein einer CAN- und einer Ethernet-Schnittstelle schränkte die Auswahl stark ein. Die in die engere Wahl genommenen Mikrocontroller wurden im Anschluss mit Hilfe von Development-Kits näher untersucht. Dabei hat sich gezeigt, dass ein ARM Cortex-M4 in Form des STM32F4 die gestellten Anforderungen am besten erfüllt.

Als Prozessor-Board wurde ein verfügbares und leistungsfähiges Board mit dem ausgewählten Mikrocontroller und mit integriertem Debugger verwendet. Eine Eigenentwicklung erwies sich, für den hier dargestellten Anwendungsfall, weder als sinnvoll noch als notwendig.

Um eine möglichst große Flexibilität bei dem Design und dem Layout der Basis-Boards für die einzelnen Protokolle zu erhalten, wurde für jedes Protokoll eine eigene Platine entwickelt. Dadurch konnte auch die Komplexität der verschiedenen Basis-Boards reduziert werden.

Die Platinen weisen dabei folgende gemeinsame Funktionsblöcke auf:

- 2 CAN-Transceiver mit Beschaltung für die Anbindung an den CAN-Bus
- 2 Hexcodier-Schalter für die Einstellung der CAN-Bitrate und der Knotennummer zur Festlegung der CAN-IDs

Diese Funktionseinheiten sind bei allen Basis-Boards an die selben Pins des Prozessor-Boards angeschlossen, um die Wiederverwendbarkeit der Software zu gewährleisten. Die Funktionsgruppen zur Realisierung der protokollspezifischen Eigenschaften wurden entsprechend der Vorgaben für das jeweilige Protokoll entworfen, wie dies in Kapitel 4.3 näher erläutert wird.

Zur Evaluierung des Ethernet-Interfaces und zur Prüfung der Möglichkeiten der Implementierung eines Echtzeit-Ethernet-Protokolls auf der gewählten Mikro-controller-Plattform, wurde das Protokoll EPL beispielhaft umgesetzt und die Performance vermessen. Hierfür wurde das ausgewählte Prozessor-Board in Verbindung mit einem verfügbaren Basis-Board mit Ethernet-Interface eingesetzt. Auf Basis des openPOWERLINK-Stacks [8] konnte EPL schnell umgesetzt werden. Es konnte dabei gezeigt werden, dass die gewählte Plattform auch für die Kommunikation über Echtzeit-Ethernet-Protokolle einsetzbar ist und dass damit Kommunikationszeiten im einstelligen µs-Bereich möglich sind.

Software Zur Realisierung einer Plattform für die Sensorsimulation ist es notwendig, auf der einen Seite einen modularen Ansatz des Software-Entwurfes zu realisieren. Auf der anderen Seite ist durch die hohen zeitlichen Anforderungen, siehe dazu Kapitel 3, eine hardwarenahe Programmierung notwendig. Schon in einer frühen Phase hat sich gezeigt, dass bei Verwendung von Standardtreibern für den Hardwarezugriff die zeitlichen Anforderungen nicht realisiert werden konnten. Es war nötig, direkt auf die Register der Funktionseinheiten des Mikrocontrollers zuzugreifen, um zeitaufwändige Funktionsaufrufe einzusparen.

Es wurde ein flaches Modulkonzept umgesetzt, welches in Abbildung 2 dargestellt ist. Allen Simulationen gemein ist das Modul *main* und *can*. Für die verschiedenen Protokolle werden jeweils eigene Module verwendet. Sie steuern auch direkt die Hardware an.

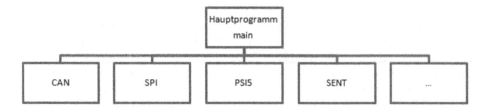

Abb. 2. Schematische Darstellung – Software

Diese Module beinhalten ebenfalls alle notwendigen Interrupt Service Routinen (ISR), um die auszuführenden Funktionen direkt mittels inline einbinden zu können. Es zeigte sich, dass die Verwendung von inline für das Erreichen der Performance-Anforderungen unabdingbar war, auch wenn dies zu einer signifikanten Vergrößerung der Binärcodes führte. Die notwendige Zeit für Funktionseinsprünge führte während der Entwicklung immer wieder zu Verletzung der Echtzeitbedingung.

4.3   Umsetzung der Plattform für spezielle Schnittstellen

Im Rahmen dieses Beitrages sollen die spezifischen Umsetzungen für SPI, PSI5 und SENT kurz dargestellt werden.

Die SPI-Schnittstelle, für die Simulation von Sensoren mit SPI-Schnittstelle, wird direkt durch den Mikrocontroller realisiert. Der gewählte Typ stellt drei Schnittstellen zur Verfügung, welche als Slave betrieben werden können. Damit ist die Realisierung von drei physikalisch getrennten SPI-Schnittstellen und damit von drei verschiedenen Sensoren möglich. Da der verwendete Mikrocontroller über eine Logikspannung von 3,3 V verfügt, war es notwendig, Levelshifter einzusetzen. Die verwendeten Levelshifter mit Schmitt-Trigger-Eingängen ermöglichen die Anpassung an unterschiedliche Spannungspegel (z. B. 3,3 V und 5 V), welche intern oder extern vorgegeben werden können. Des Weiteren minimieren diese mögliche Störungen durch externe Einflüsse. Außerdem bieten die gewählten Levelshifter die Möglichkeit, eine galvanische Trennung zwischen Sensorsimulation und angeschlossenem Steuergerät zu realisieren. In Abbildung 3 ist beispielhaft eine Baugruppe zur Simulation von Sensoren mit SPI-Schnittstelle dargestellt.

Die PSI5-Schnittstelle ist in ihrer Umsetzung deutlich komplexer als die SPI-Schnittstelle. Der gewählte Mikrocontroller bietet keine PSI5-Schnittstelle in Hardware, wobei typischerweise auch nur der PSI5-Master in einigen Mikrocontrollern realisiert ist. Für einen PSI5-Slave konnten weder Schnittstellen-ICs noch Mikrocontroller mit integrierter Schnittstelle gefunden werden.

Da die Schnittstelle mit einer Modulation des Stromes, bei der die Strompegel einstellbar sein müssen, arbeitet, mussten diskrete Schaltungen aus einem ADC-Kanal und Operationsverstärkern aufgebaut werden. Weiterhin stellt die

Abb. 3. SPI-Schnittstellen – iSPIsim

variable Versorgungsspannung (z. B. durch den Sync-Pulse) eine Herausforderung für die Umsetzung der Strom-Modulation dar. Die Anbindung des ADC-Bausteines erfolgte über die SPI-Schnittstelle, da die internen ADC-Kanäle des Mikrocontrollers nicht ausreichten. Mit der eingesetzten Prozessor-Platine war es möglich vier physikalisch getrennt PSI5-Kanäle zu realisieren. Da jeder dieser Kanäle bis zu vier simulierte Daten-Slots (Sensoren) enthalten kann, ist es möglich, in der Summe 16 Sensoren zu simulieren. Dabei ist es in der Praxis möglich, dass ein realer Sensor mehr als einen Daten-Slot belegt. In diesem Fall reduziert sich die Zahl der nachbildbaren Sensoren.

In Abbildung 4 ist beispielhaft eine Baugruppe zur Simulation von Sensoren mit PSI5-Schnittstelle dargestellt.

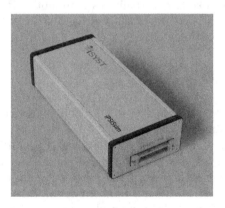

Abb. 4. PSI5-Schnittstellen – iPSI5sim

Die SENT-Schnittstelle ist in ihrer Umsetzung weniger komplex wie die PSI5-Schnittstelle. Da der verwendete Mikrocontroller ebenfalls keine in Hardware realisierte SENT-Schnittstelle besitzt, mussten die notwendigen Schaltungsteile

diskret aufgebaut werden. Weil die SENT-Schnittstelle mit definierten Spannun-
gen (0 V und 5 V) arbeitet, können einfache Levelshifter eingesetzt werden. Die
übrige Protokollumsetzung findet in der Software statt. Dabei wurden für jeden
SENT-Kanal interne Timer für die Generierung der notwendigen Pulsfolge für
die SENT-Kommunikation verwendet. Die Lösung ist damit in der Lage vier
unabhängige SENT-Kanäle zu simulieren.

In Abbildung 5 ist beispielhaft eine Baugruppe zur Simulation von Sensoren
mit SENT-Schnittstelle dargestellt.

Abb. 5. SENT-Schnittstellen – iSENTsim

Weiterhin wurde, auf Basis der hier vorgestellten Plattform, eine Simulation
von Sensoren mit LIN-Interface realisiert. Die Anwendung der Sensorsimulation wird auch auf Protokolle außerhalb des Automotive-Bereiches ausgeweitet.
Hier ist beispielhaft IO-Link zu nennen, welches auf Basis der hier vorgestellten
Plattform umgesetzt werden kann.

5   Anwendungsbeispiele

Im Folgenden soll der praktische Einsatz der Sensorsimulation anhand von drei
Projektbeispielen erläutert werden.

Das erste Projekt verwendet die Simulation von per SPI angebundenen Beschleunigungssensoren an verschiedenen Hardware-in-the-Loop (HiL)-Systemen.
Das zu testende Steuergerät besitzt drei Beschleunigungssensoren aus der Fa-
milie SMI5xx von Bosch. Es kommen dabei zwei SMI510 und ein SMI540 zum
Einsatz. Für die Absicherung der Sensoranbindung im Steuergerät sowie für den
Test von Fahrsituationen mit aufgezeichneten Beschleunigungen, war es notwendig, die Sensoren vom Steuergerät zu entfernen und durch eine Simulation zu
ersetzen. Mittels der Baugruppe zur Sensorsimulation konnten alle drei Sensoren
simuliert werden. Dabei war es möglich, die Verarbeitung eines Kommandos und
die Bereitstellung der Antwort, inklusive Prüfung und Berechnung der CRC, in

weniger als 1 µs zu realisieren. Die Integration in unterschiedliche HiL-Systeme von verschiedenen Herstellern war beim Zulieferer wie auch beim OEM mittels CAN problemlos möglich.

Das zweite Projekt verwendet ebenfalls die Simulation von per SPI angebundenen Beschleunigungssensoren an verschiedenen Hardware-in-the-Loop (HiL)-Systemen und Prüfständen. Das zu testende Steuergerät besitzt einen Beschleunigungssensoren vom Typ SMI650 von Bosch. Es wurde ebenfalls der reale Sensor vom Steuergerät entfernt und durch einen Anschluss für die Sensorsimulation ersetzt. Wie im vorangegangenen Beispiel konnten alle notwendigen Verarbeitungsschritte in weniger als 1 µs realisiert werden. Des Weiteren wurde, für die Integration in bestehende Prüfstände, eine Umrechnung von physikalischen, über CAN-Bus vorgegebenen Beschleunigungswerten, in Roh-Werte für die Übertragung über die SPI-Schnittstelle integriert.

Das dritte Projekt verwendet das Modul für die Simulation von per PSI5 angebundenen Radbeschleunigungssensoren an HiL-Systemen. Das zu testende Steuergerät besitzt vier PSI5-Kanäle, an welchen jeweils ein Radbeschleunigungssensor des Typ AK gSAT 16g der Firma Continental angeschlossen ist. Mittels der Baugruppe zur Sensorsimulation war es möglich, alle vier Sensoren gleichzeitig zu simulieren. Dabei konnten alle notwendigen zeitlichen Anforderungen realisiert werden. Weiterhin ist es möglich, auf allen Ebenen des Protokolls Fehler zu injizieren. Dies umfasst elektrische Fehler, wie zum Beispiel Kurzschlüsse oder falsche Strompegel, und Protokollfehler, wie zum Beispiel fehlerhafte Prüfsummen oder Zeitverletzungen.

6   Zusammenfassung

Die vorgestellte Plattform zur Simulation von digital angebundenen Sensoren ermöglicht eine effektive Entwicklung und den Test von Steuergeräten, welche digital angebundene Sensoren einsetzen. Durch die echtzeitfähige Einbindung der Simulation über CAN in bestehende Systeme, stehen umfangreiche Einsatzmöglichkeiten zur Verfügung.

Weiterhin erlauben die weitreichenden Möglichkeiten zu Injektion von Fehlern auf elektrischer Ebene und auf Protokollebene eine tiefgehende Prüfung der Funktionalität der Sensorschnittstelle des zu testenden Steuergerätes inklusive aller Fehlererkennungsmechanismen. Dies ist vor allem für die Absicherung sicherheitskritischer Funktionen zwingend notwendig.

Außerdem erlaubt die optional einsetzbare Einbindung über Ethernet die Realisierung höherer Bandbreiten und kürzerer Zykluszeiten. Damit ist einerseits die Einbindung in Testsysteme ohne CAN-Bus möglich. Andererseits ist es möglich, zukünftige Sensor-Schnittstellen mit höheren Bandbreiten ebenfalls zu simulieren, und die Sensorsimulation mit den notwendigen Daten zu versorgen. Mit der prototypischen Umsetzung von EPL konnte die Leistungsfähigkeit der Ethernet-Schnittstelle und die Einsatzmöglichkeit von Echtzeit-Ethernet-Protokollen gezeigt werden.

7   Ausblick

Die geschaffene Plattform zur Simulation von Sensoren soll in Zukunft weiter ausgebaut werden. So können einerseits weitere Sensorschnittstellen, wie zum Beispiel IO-Link, realisiert werden. Damit sollen auch Schnittstellen aus anderen Domänen als der Automobilindustrie unterstützt werden.

Andererseits sollen weitere spezifische Simulationen von Sensoren implementiert werden, welche vor allem bei der SPI-Schnittstelle notwendig sind. Dazu werden weitere Software-Module entwickelt und bereitgestellt.

Außerdem soll die Einbindung der Sensorsimulation über Ethernet und den damit verbundenen Echtzeit-Ethernet-Protokollen verfolgt werden.

Literaturverzeichnis

1. Zimmermann, Werner; Schmidgall, Ralf: *Bussysteme in der Fahrzeugtechnik, Protokolle und Standards*, Vieweg+Teubner Verlag, 2008
2. SAE International, *J 2716 - SENT - Single Edge Nibble Transmission for Automotive Applications*, 27.01.2010, Online, http://standards.sae.org/j2716 201001/
3. Robert Bosch GmbH, *PSI5 Peripheral Sensor Interface 5*, Online, http://psi5.org/
4. Wikipedia, *Serial Peripheral Interface*, Online, http://de.wikipedia.org/wiki/Serial_Peripheral_Interface
5. Wikipedia, *Local Interconnect Network*, Online, http://de.wikipedia.org/wiki/Local_Interconnect_Network
6. IO-LINK, *IO-Link im Durchblick*, Online, http://www.io-link.com/de/Technologie/IO-Link_im_Durchblick.php
7. Ethernet POWERLINK Standardization Group (EPSG), *How POWERLINK works*, Online, http://www.ethernet-powerlink.org/en/powerlink/technology/how-powerlink-works/
8. openPOWERLINK, *openPOWERLINK An Open Source POWERLINK Stack*, Online, http://sourceforge.net/projects/openpowerlink/
9. EtherCAT Technology Group, *EtherCAT – the Ethernet Fieldbus.*, Online, http://www.ethercat.org/en/technology.html

Übersetzung von UML-Software-Spezifikationen in Simulationsmodelle

Stefan Walter

Lehrstuhl für Informationstechnik, insb. Realzeitsysteme
FernUniversität in Hagen, 58084 Hagen
swalter@dspace.de

Zusammenfassung. Durch modellgetriebene Softwareentwicklung können Tests und Analysen von Softwaresystemen bereits in der Spezifikationsphase durchgeführt werden. Hierfür werden Softwarearchitekturen in Simulationsmodelle übersetzt. Zur Spezifikation der statischen und dynamischen Aspekte von Softwaresystemen in UML werden u.a. Komponenten- und Sequenzdiagramme verwendet. Anhand von konstruierten Beispielen wird gezeigt, wie die einzelnen Bestandteile des UML-Komponentendiagramms und die des UML-Sequenzdiagramms nach Simulink übersetzt werden können. Hierbei wird vor allem das Übersetzen einer echtzeitspezifischen Erweiterung des Standard UML-Sprachumfangs behandelt.

1   Motivation

Modellgetriebene Softwareentwicklung gewinnt zunehmend an Bedeutung. Als Modellierungssprache zur Beschreibung von Softwarearchitekturen hat sich vor allem die Unified Modeling Language (UML) herausgebildet. Die mittels UML erstellten Modelle unterliegen keiner strengen Grammatik. Dies hat den Nachteil, dass die erstellten Modelle zu viel Interpretationsspielraum besitzen, sodass eine Verwendung des Modells zur Modelltransformation nur bedingt geeignet ist. Mittels sogenannter UML-Profile kann der Standardsprachumfang der UML erweitert werden, ohne die UML selbst zu verändern. Dieser Mechanismus ist vor allem für die Entwicklung von sicherheitsgerichteten eingebetteten Systemen wichtig, bei denen neben den funktionalen insbesondere die nicht-funktionalen Anforderungen, wie z.B. Zeitbeschränkungen von Aktionen oder das Verhalten bei einem Ausfall eines Teilsystems, eine zentrale Rolle spielen. Mittels auf diesen Bereich zugeschnittener UML-Profile und einer dazu definierten Semantik können UML-Modelle erstellt werden, bei denen der Interpretationsspielraum verringert oder sogar ganz ausgeräumt ist. Aus dem Grundgedanken der modellgetriebenen Softwareentwicklung, ein Modell durch alle Phasen der Entwicklung zu nutzen und nur in verschiedene Modellformen zu transformieren, entsteht auch die Möglichkeit, schon sehr früh im Entwicklungsstadium Tests auf Basis des entwickelten Modells durchzuführen, um quantitative und qualitative Analysen von Softwarearchitekturen durchführen zu können. Je früher im Entwicklungsprozess solche Tests durchgeführt werden, desto einfacher und auch kostengünstiger ist die Behebung der Fehler. Um solche Analysen und Tests durchzuführen, werden Softwarearchitekturen, beschrieben in UML, in ein Simulationsmodell, beschrieben in Simulink, übersetzt. Durch die dynamische Simulation in Simulink können umfangreiche Testszenarien realisiert werden.

2   Übersetzung von UML-Komponentendiagrammen nach Simulink

UML-Komponentendiagramme beschreiben die statischen Aspekte einer Softwarearchitektur, d.h. den strukturellen Aufbau und die Schnittstellen aller beteiligten Komponenten. Die UML-Komponente an sich ist das zentrale Element des UML-Komponentendiagramms. Formalisiert wird eine UML-Komponente in dieser Arbeit als Tupel $Komp = (N, P, S_{anf}, S_{anb})$ betrachtet, wobei N der Name und P, S_{anf}, S_{anb}, jeweils eine endliche Menge an Ports, anfordernden und anbietenden Schnittstellen darstellen. Das zentrale Element von Simulink-Modellen ist der Simulink-Funktionsblock. Es existieren primitive Simulink-Funktionsblöcke, wie z.B. 'Mathematische Operationen', oder komplexe Funktionsblöcke wie z.B. Simulink-Subsysteme. Ähnlich wie UML-Komponenten dient der Simulink-Subsystem-Block dem Erstellen von Teilsystemen innerhalb eines Simulink-Modells. Er bildet eine abgeschlossene Einheit mit einer inhärenten Funktionalität und einer definierten Schnittstelle, die zur Kommunikation mit anderen Komponenten verwendet wird. Formalisiert wird ein Simulink-Subsystem als Tupel $SubSys = (N, P_{Ein}, P_{Aus}, Para)$ definiert, wobei N der Name und P_{Ein}, P_{Aus}, $Para$, jeweils eine endliche Menge an Ein-, Ausgabeports und Konfigurationsparametern darstellen. Ein Vergleich der wesentlichen Elemente von UML-Komponentendiagrammen und Simulink-Modellen zeigt, dass UML-Komponentendiagramme mit wenigen Einschränkungen auf Simulink-Modelle übertragen werden können.

In [1] wird die Transformation von Simulink-Modellen nach UML beschrieben. Ports von Simulink-Subsystemen werden direkt auf Ports von UML-Komponenten übertragen. So entsteht ein UML-Modell, das sich sehr stark am Simulink-

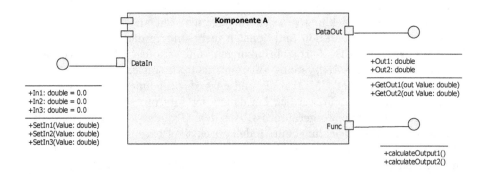

Abb. 1. Beispiel einer generischen UML-Komponente

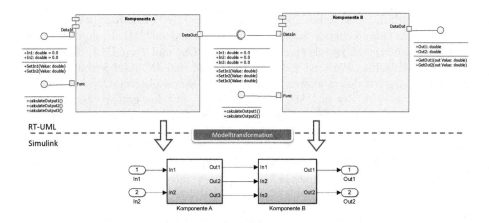

Abb. 2. Beispiel der Transformation von UML-Komponenten

Modell ausrichtet. In dieser Arbeit hingegen sind in UML beschriebene Softwaresysteme die Basis, die nach Simulink übersetzt werden sollen, um dort simuliert zu werden. Daher wird nach einer Möglichkeit gesucht, nicht die komplette Struktur eines Simulink-Modells bereits bei der Modellierung in UML berücksichtigen zu müssen. Zur Vereinfachung der Transformation wird in dieser Arbeit eine generische Form für UML-Komponenten definiert. Um die Komplexität von Ports zu reduzieren, wird die Anzahl der Schnittstellen auf jeweils eine anfordernde oder eine anbietende pro Port beschränkt. Es werden die Standardports *DataIn*, *DataOut* und *Func* an einer UML-Komponente definiert. Der Port *DataIn* definiert alle Attribute der UML-Komponente, die benötigt werden, um die am Port *Func* definierten Operationen auszuführen. Ein Attribut wird durch das Tupel $Attr = (AttributName, Typ, Datum)$ beschrieben, wobei *AttributName* den Namen, *Typ* den Datentyp und *Datum* den aktuell gültigen numerischen Wert des Attributs darstellen. Zum Setzen des Datums wird pro Attribut eine Standardoperation definiert, die der Nomenklatur $Set[AttributName]([Variable] : [Typ])$ folgt. Der Port *DataOut* definiert alle Attribute einer Komponente, die bei der Ausführung der am Port *Func* definierten Operationen mit Werten beschrieben werden. Diese Attribute können mittels der Standardoperation $Get[AttributName](out[Variable] : [Typ])$ ausgelesen werden. Der Port *Func* kapselt die eigentlichen funktionalen Operationen. Jede Operation verwendet die zuvor am Port *DataIn* gesetzten Eingangsattributen und führt auf Basis der gespeicherten Werte eine Funktion aus. Das Resultat der Funktion wird auf die Ausgangsattribute des Ports *DataOut* gespeichert. Ein Beispiel einer generischen UML-Komponente zeigt Abbildung 1. Durch die Definition des generischen Formats einer UML-Komponente ergibt sich folgende formale Beschreibung: $Komp = (N, P_{DataOut}, P_{DataIn}, P_{Func})$

Abbildung 2 zeigt, wie ein einfaches UML-Komponentendiagramm, bestehend aus den UML-Komponenten *Komponente A* und *Komponente B* nach Simulink übersetzt wird. UML-Komponenten werden aufgrund der starken Analogie in Simulink-Subsysteme übersetzt. Der Name der UML-Komponente wird direkt auf das entsprechende Subsystem übertragen. Jede UML-Komponente besitzt definitionsgemäß jeweils einen *DataIn*, *DataOut* und *Func* Port. Sinngemäß werden die einzelnen Parameter der Ports *DataIn* und *DataOut* jeweils auf Ein- und Ausgangsports des atomaren Simulink-Subsystems übersetzt, wobei der Name des Parameters, der in UML definiert wurde, auf den entsprechenden Port des Subsystems übertragen wird. Der Datenfluss, der in Simulink zwischen den beiden Subsystemen *Komponente A* und *Komponente B* modelliert ist, ergibt sich aus der Aufrufreihenfolge der Komponenten, die in der Verhaltensbeschreibung des UML-Modells definiert wird. Die Operationen der Schnittstelle des Ports *Func* bilden das funktionale Verhalten des Subsystems.

3   Übersetzung von UML-Echtzeitkomponenten

UML-Echtzeitkomponenten müssen gegenüber nicht echtzeitfähigen Komponenten nicht nur ihren funktionalen Anforderungen, sondern auch ihren nichtfunktionalen z.B. Echtzeitanforderungen gerecht werden. Neben den Standardelementen werden für Echtzeitkomponenten in [2] zwei weitere Elemente definiert: der Vertrag und der Echtzeitmechanismus. Ein *Vertrag* spezifiziert nichtfunktionale Anforderungen der Komponente, z.B. das Zeitverhalten bestimmter Operationen der Komponente. Der Echtzeitmechanismus ist eine spezielle Operation, die Echtzeitanforderungen unterliegt. Die Anforderungen an den Echtzeitmechanismus werden durch Verträge spezifiziert. Durch die Erweiterung wird eine Echtzeitkomponente formal durch das Tupel $Komp_{RT} = (P, S_{anf}, S_{anb}, V, O, M)$ ausgedrückt, wobei P, S_{anf}, S_{anb}, V, O, M jeweils eine endliche Menge an Ports, anfordernden Schnittstellen, anbietenden Schnittstellen, Verträgen, Operationen und Mechanismen darstellen. Im Folgenden wird gezeigt, wie periodische, aperiodische und sporadische Echtzeitkomponenten von UML nach Simulink übersetzt werden.

3.1   Periodische Komponente

Formal werden periodische Komponenten in dieser Arbeit wie folgt dargestellt:
$Komp_{per}^{RT} = (P_{per}, S_{per}^{anf}, S_{per}^{anb}, V_{per}, O_{per}, M_{per})$

Die wesentlichen Parameter, die eine periodische Komponente charakterisieren, sind der *Startzeitpunkt (S)*, der *Endzeitpunkt (F)*, der *Fertigstellungstermin (D)* und die *Periode (P)*. Des Weiteren müssen die beiden Bedingungen $S_i < F_i \leq D_i$ und $D_i \leq P_i$ erfüllt sein. Periodische UML-Komponenten werden, wie zuvor beschrieben, auf atomare Simulink-Subsysteme übertragen. Der Start- und Endzeitpunkt der Ausführung der periodischen UML-Komponente ist gleich dem Start- und Endzeitpunkt der Ausführung des nach Simulink übersetzten Subsystems. Mittels einer eigens implementierten Zeitmessung, basierend auf der Zeit der Zentraleinheit des Simulationsrechners, wird zwischen den Zeitpunkten S_i und F_i die Ausführungszeit des Simulink-Subsystems gemessen. Durch die Zeitmessung kann das Einhalten der geforderten Bedingung $S_i < F_i \leq D_i$ mittels des Simulink-Verifikationsblocks *'Check Static Upper Bound'* überprüft werden. Die Periodendauer der UML-Komponente kann direkt als Parameter des bei der Übersetzung erzeugten Simulink-Subsystems gesetzt werden, mit der Einschränkung, dass die Periodendauer immer ein Vielfaches der Basisrate des Simulink-Modells ist. Das Setzen des Parameters wird durch ein M-Skript während der Initialisierungsphase des Modells durchgeführt. Simulink erkennt bei einer PC-basierten, nicht hart echtzeitfähigen Simulation, keine Überschreitung der Periodendauer eines Simulationsschritts. Das Einhalten der geforderten Bedingung $D_i \leq P_i$ wird explizit mit der zwischen S_i und F_i gemessenen Zeit und des Blocks *'Check Static Upper Bound'* aus der Simulink-Verifikationsbibliothek überprüft, wobei P_i als Referenzparameter des Blocks gesetzt wird.

3.2   Aperiodische Komponente

Formal werden aperiodische Komponenten in dieser Arbeit wie folgt dargestellt:
$$Komp_{aper}^{RT} = (P_{aper}, S_{aper}^{anf}, S_{aper}^{anb}, V_{aper}, O_{aper}, M_{aper})$$

Aperiodische Komponenten sind ereignisgesteuert, d.h., sie werden nicht in einem periodischen Zeitraster aktiviert, sondern durch eintreffende Ereignisse. Das Echtzeitverhalten von aperiodischen Komponenten wird in [2] mittels *Startzeitpunkt S* und der maximalen Antwortzeit der Operation *MaxRT* charakterisiert. Die Ausführung von aperiodischen Komponenten wird durch folgenden Vertragsausdruck spezifiziert: $S_{i,k} < S_{i,k+1} \implies S_{i,k} < MaxRT \leq S_{i,k+1}$, wobei $S_{i,k}$ die k-te Aktivierung der Komponente i bezeichnet und $S_{i,k+1}$ die $(k+1)$-te Aktivierung.

In Simulink wird in dieser Arbeit ein solches Verhalten mittels ereignisgesteuerter Subsysteme nachgebildet. Ereignisgesteuerte Subsysteme verhalten sich ähnlich wie atomare Subsysteme mit dem Unterschied, dass sie nicht periodisch, sondern nur bei Auftreten eines bestimmten Ereignisses ausgeführt werden. Zur Detektion des Ereignisses besitzt das ereignisgesteuerte Subsystem einen zusätzlichen Port, den Auslöser-Port. Formal ist ein ereignisgesteuertes Subsystem durch das Tupel $SubSys_{Trg} = (N, P_{Ein}, P_{Aus}, P_{Trg}, Para)$ definiert. Die Elemente $N, P_{Ein}, P_{Aus}, Para$ besitzen die gleiche Bedeutung wie bei atomaren Subsystemen. Das Element P_{Trg} ist der Auslöser-Port, der durch $P_{Trg} = (Name, Type)$ definiert ist, wobei $Name$ den Namen des Auslöser-Ports angibt und Typ die Art des Ereignisses, das detektiert werden soll, z.B. fallende oder steigende Flanke oder beides. Der Auslöser-Port überprüft in jedem Simulationsschritt, ob ein auslösendes Ereignis vorliegt. Ist dies der Fall, wird das Subsystem ausgeführt, andernfalls nicht. In der realen Welt sind auslösende Ereignisse z.B. Sensorsignale. In einer PC-basierten Simulation existiert im Allgemeinen keine Anbindung an Signale aus der realen Welt. Deswegen müssen in Simulink die Ereignisse durch ein entsprechendes Umgebungsmodell simuliert werden. Durch die streng sequenzielle Abarbeitung der Blöcke in Simulink ist es nicht möglich, das Verhalten $MaxRT \geq S_{i,k+1}$ zu simulieren. Dadurch ist die Bedingung $S_{i,k} < MaxRT \leq S_{i,k+1}$ immer erfüllt. Um trotzdem eine Überprüfung der Laufzeit von aperiodischen Komponenten zu ermöglichen, wird $MaxRT$, wie zuvor bei periodischen Komponenten gezeigt, als Fertigstellungstermin definiert. So kann die gleiche Zeitmessung und Überprüfung erfolgen.

3.3 Sporadische Komponente

Formal werden sporadische Komponenten in dieser Arbeit wie folgt dargestellt:
$Komp_{spor}^{RT} = (P_{spor}, S_{spor}^{anf}, S_{spor}^{anb}, V_{spor}, O_{spor}, M_{spor})$

Ähnlich wie aperiodische Komponenten sind auch sporadische Komponenten ereignisgesteuert. Im Gegensatz zu aperiodischen Komponenten besitzen sporadische Komponenten einen minimalen Zeitabstand T_{min} zwischen zwei Aktivierungen und einen harten Fertigstellungstermin. Die Ausführung von sporadischen Komponenten wird durch folgenden Vertragsausdruck spezifiziert: $S_{i,k+1} > S_{i,k} + Tmin, S_{i,k} < D < S_{i,k+1}$, wobei $S_{i,1} \geq 0$, und T_{min} die minimale Ankunftszeit ist.

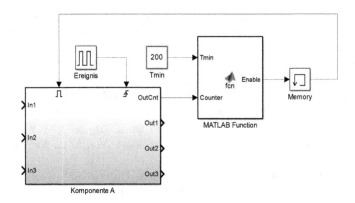

Abb. 3. Beispiel einer sporadischen Komponente in Simulink

Sporadische Komponenten werden in Simulink mittels aktivierbarer ereignisgesteuerter Subsysteme realisiert. Dies verhält sich analog zu dem bereits beschriebenen ereignisgesteuerten Subsystem mit der Ausnahme, dass das Subsystem von außen expliziert aktiviert werden muss, um auf ein auslösendes Ereignis reagieren zu können. Zur Aktivierung besitzt das Subsystem einen weiteren Port, den Aktivierungs-Port. Es ergibt sich folgende formale Schreibweise: $SubSys_{ActTrg} = (N, P_{Ein}, P_{Aus}, P_{Trg}, P_{Act}, Para)$. Das zusätzliche Element P_{Act} ist der Aktivierungs-Port. Nur wenn eine logische '1' am Port anliegt, reagiert das Subsystem auf eventuell eintreffende Ereignisse. Der Aktivierungs-Port wird dazu verwendet, den minimalen Abstand zwischen zwei Ausführungen der sporadischen Komponenten in Simulink abzubilden. Gemäß der Definition $S_{i,k+1} > S_{i,k} + T_{min}$, darf eine Komponente nach Start der Ausführung während der Zeit T_{min} nicht erneut ausgeführt werden. Dieses Verhalten wird in Simulink durch das Deaktivieren des aktivierbaren ereignisgesteuerten Subsystems erreicht. Das Beispiel in Abbildung 3 zeigt eine mögliche Implementierung einer sporadischen Komponente in Simulink. Die Realisierung der Deaktivierung nach Auftreten eines Auslösers wird in einem benutzerspezifischen Block als M-Skript implementiert, da keine native Realisierung in Simulink existiert.

4   Übersetzung von UML-Sequenzdiagrammen nach Simulink

Beim Transformieren von UML-Sequenzdiagrammen nach Simulink wird die bisher eher statische Betrachtungsweise um dynamische Aspekte, wie Kontrollfluss und Datenfluss, ergänzt. In dieser Arbeit werden UML-Sequenzdiagramme niemals autark sondern immer im Zusammenhang mit einem UML-Komponentendiagramm betrachtet, das durch das Sequenzdiagramm um dynamische Aspekte ergänzt wird. Objekte im Sequenzdiagramm sind Instanzen der Komponenten im zugehörigen Komponentendiagramm. Daher werden die beteiligten Objekte im Sequenzdiagramm ebenfalls in Simulink-Subsysteme übersetzt. Im UML-Sequenzdiagramm wird konkretisiert, welche Daten wirklich zwischen Komponenten fließen und welche Operationen von Komponenten wann ausgeführt werden. Gemäß dem im UML-Sequenzdiagramm modellierten Datenfluss werden beim Übersetzen nach Simulink die entsprechenden Ein- und Ausgangsports der erstellten Subsysteme miteinander verbunden. Die Ausführungsreihenfolge der Blöcke in Simulink wird vom Simulink-Sortieralgorithmus zu Beginn der Simulation festgelegt. Um die im Sequenzdiagramm modellierte Reihenfolge der Ausführung von Operationen auf Simulink zu übertragen, muss, ähnlich wie in [1] erwähnt, der Sortieralgorithmus angewiesen werden, eine vorgegebene Reihenfolge einzuhalten. Dazu wird, wie in [4] und [5] beschrieben, die Simulink-Funktionalität zur Definition von Prioritäten genutzt.

4.1   Echtzeitbedingungen

Nativ können in UML-Sequenzdiagrammen keine expliziten Zeitbedingungen für die Interaktion von Objekten angegeben werden [3]. Das Definieren von Zeitbedingungen ist allerdings essentiell bei der Modellierung von Echtzeitsystemen. In [2] wird eine Syntax beschrieben, um Zeitbedingungen in UML-Sequenzdiagrammen einzufügen. Sogenannten Zeitmarkierungen sind dabei die Zwangsbedingungen, die die Zeitverhältnisse zwischen verschiedenen Zeitpunkten im Sequenzdiagramm ausdrücken. Diese Arbeit beschränkt sich auf die in Abbildung 4 dargestellten Fälle. Dies sind zum einen Zwangsbedingungen zur Beschreibung des Zeitintervalls zwischen zwei Zeitpunkten, die objektübergreifend sein können und zum anderen Laufzeitbeschränkungen von Operationen, die ein Objekt ausführt. Es wird angenommen, dass das Versenden von Daten zwischen Objekten mittels der Setz-Funktionen in Null-Zeit geschieht. Für die Zeitpunkte $(p_1, p_2, ..., p_{11})$ aus dem Beispiel in Abbildung 4 bedeutet dies, dass die folgenden Zeitbedingungen inhärent erfüllt sind: $p_2 = p_3 = p_4 = p_5 \wedge p_7 = p_8 \wedge p_{10} = p_{11}$

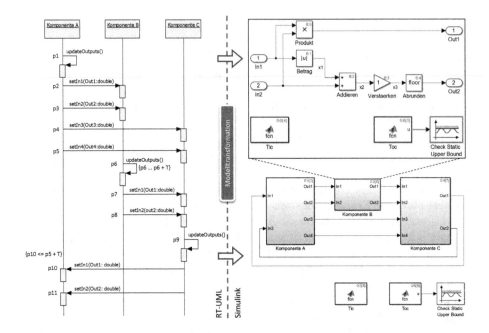

Abb. 4. Transformationsbeispiel zur Überprüfung der Laufzeit von Operationen

In Abbildung 4 sind folgende Zwangsbedingungen realisiert:

Bed. 1 $\{p_6...p_6 + T\}$: Beschränkung der Ausführungszeit der Operation *updateOutputs()* des Objekts *Komponente B* auf den Zeitwert T.

Bed. 2 $\{p_{10} < p_5 + T\}$: Beschränkung der Ausführungszeit des Zeitintervalls $[p_5, p_{10}]$ auf den Zeitwert T.

Die Übersetzung des UML-Sequenzdiagramms nach Simulink erfolgt, wie bereits zuvor beschrieben. Zur Überprüfung von *Bed. 1* und *Bed. 2* ist es notwendig, die Ausführungszeiten zwischen den relevanten Zeitpunkten zu messen. Dazu wird derselbe Mechanismus verwendet, wie zuvor bei der Überprüfung des Zeitverhaltens von Komponenten erwähnt. Um eine Zeitmessung an den im UML-Sequenzdiagramm definierten Zeitpunkten im Simulink-Modell zu garantieren, wird die Ausführungsreihenfolge aller Simulink-Blöcke, einschließlich der Blöcke zur Messung der Zeitpunkte, mittels Prioritäten definiert.

4.2 Dateninvarianten

Dateninvarianten werden verwendet, um den Wertebereich von Attributen eines Objekts zu begrenzen. In UML-Sequenzdiagrammen werden diese Zwangsbedingungen direkt auf der Lebenslinie an entsprechender Stelle angegeben. Das UML-Sequenzdiagramm in Abbildung 5 zeigt zwei verschiedene Zwangsbedingungen, *Bed. 1:* $\{x1 \geq 5\}$ und *Bed. 2:* $\{0 \leq x3 < 200\}$.

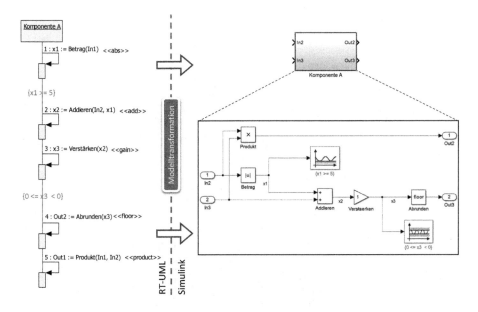

Abb. 5. Transformationsbeispiel für Zwangsbedingungen von Dateninvarianten

Die Überprüfung der Zwangsbedingungen in Simulink erfolgen mittels Standardblöcken aus der Modellverifikationsbibliothek, z.B. Überprüfung gegen eine obere oder untere Schranke. Der Ausdruck der Zwangsbedingungen wird jeweils als Name des entsprechenden Blocks gesetzt, sodass bei Verletzung der Bedingung eine einfache Rückverfolgung gegeben ist. Eine Verletzung der Zwangsbedingung während der Simulation führt zur Unterbrechung der Simulation. Der entsprechende Simulink-Verifikationsblock gibt eine aussagekräftige Fehlermeldung aus.

4.3 Vor- und Nachbedingung

Zwangsbedingungen können jeweils vor und nach dem Ausführen von einzelnen Operationen im UML-Sequenzdiagramm angegeben werden. Das UML-Sequenzdiagramm in Abbildung 6 definiert die Vorbedingung $\{In1 > In2 > 5\}$ und die Nachbedingung $\{Ou1 > 0 \wedge Out2 > 0\}$ für die Operation *updateOutputs()* des Objekts *Komponente C*.

Die Überprüfung der Vor- und Nachbedingung in Simulink erfolgt mittels Standardblöcken aus der Modellverifikationsbibliothek. Aus Gründen der Übersichtlichkeit werden die Vor- und Nachbedingung in separate Simulink-Subsysteme übersetzt, die, beeinflusst durch Simulink-Prioritäten, jeweils vor und nach der eigentlichen Operation ausgeführt werden. Im Beispiel aus Abbildung 6 werden definitionsgemäß zur Auswertung der Vorbedingung die Eingangsports des Subsystems, das die Operation *updateOutputs()* realisiert, abgegriffen und mit dem entsprechenden Verifikationsblock verknüpft. Der Verifikationsblock

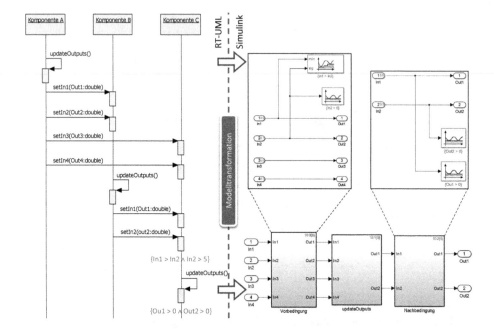

Abb. 6. Transformationsbeispiel für Vor- und Nachbedingung einer Operation im Sequenzdiagramm

für die Nachbedingung wird gleichermaßen mit den Ausgangsports des gleichen Subsystems verbunden. Der Ausdruck der Vor- bzw. Nachbedingung im UML-Diagramm wird jeweils als Name des entsprechenden Verifikationsblocks in Simulink gesetzt, sodass eine einfache Rückverfolgung gegeben ist. Wird eine Verletzung der angegebenen Zwangsbedingung während der Simulation erkannt, wird die Simulation unterbrochen und der entsprechende Simulink-Verifikationsblock gibt eine aussagekräftige Fehlermeldung aus.

Literaturverzeichnis

1. Sjönstedt, C.-J., und Shi, J., et al.: Mapping Simulink to UML in design of embedded systems: Investigating scenarios and transformations, OMER4 Post-proceedings, S. 137-160, 2008
2. Lu, S.: Engineering of Safety-related and Embedded Real-time Systems, GCA-Verlag, 2009
3. Rupp, C., und Queins, S., und Zengler, B.: UML 2 Glasklar, Praxiswissen für die UML-Modellierung, Carl Hanser Verlag, 2007
4. The Mathworks: Matlab Simulink Dokumentation http://www.mathworks.de, 2014
5. Angermann, A., und Beuschel, M., et al.: MATLAB-Simulink-Stateflow Grundlagen, Toolboxen, Beispiele, Oldenbourg Verlag München Wien, 2007

Der Raspberry Pi als Plattform für Fluoreszenzmessungen unter Echtzeitbedingungen

Hermann Lorenz[1], Frank Sonntag[2], Lutz Krätzer[2], Christian Berthold[3] und
Robert Baumgartl[4]

[1] Hermann.Lorenz@gmx.de
[2] Fraunhofer-Institut für Werkstoff- und Strahltechnik IWS, 01277 Dresden
[3] SBU Schirmer + Dr. Berthold Umwelttechnik GmbH
[4] HTW Dresden, Fakultät Informatik/Mathematik, 01069 Dresden
robert.baumgartl@informatik.htw-dresden.de

Zusammenfassung. In diesem Beitrag wird vor dem praktischen Hintergrund einer Fluoreszenzmessung der Raspberry Pi als Plattform für ein Echtzeitsystem betrachtet. Es werden dabei Linux und Xenomai im Kernel- und Userspace hinsichtlich der äquidistanten Ausgabe eines Impulses am GPIO-Ausgang verglichen. Für einen Xenomai-Kernelprozess werden die Reaktionszeiten der Flankenerkennung mittels Polling und Interruptsteuerung untersucht. Das Serial Peripheral Interface wird bezüglich seiner Einsetzbarkeit zur Datenübertragung unter Echtzeitbedingungen betrachtet und die Ausführungszeit einer 2 Byte-Übertragung vermessen. Aus diesen Untersuchungen wird die maximal garantierbare Abtastrate für die Fluoreszenzmessung hergeleitet.

1 Einleitung

Die vierte Industrielle Revolution wird als weltweite Vernetzung von Cyber-Physischen-Systemen (CPS) verstanden. Als mögliche konkrete Ausprägungen sind industrielle Prozesssteuerungs- und Automationssysteme zu nennen, welche durch die Implementierung von intelligenter und verteilter Logik unter Echtzeitanforderungen auf eingebetteten Systemen realisiert werden.

Im vorliegenden Fachbeitrag wird ein möglicher Ansatz für die Entwicklung eines solchen eingebetteten Systems auf Basis des Raspberry Pi beschrieben, welches durch Xenomai-Erweiterung und Echtzeittask im Kernelspace eine äquidistante Datenerfassung unter Echtzeitbedingungen ermöglicht. Die Funktionsüberprüfung erfolgt am Beispiel eines Fluoreszenzmesssystems zur nichtinvasiven Charakterisierung von Zellkulturen.

2 Motivation

Systeme für die automatisierte Charakterisierung von Zell- bzw. Gewebereaktionen auf definierte Substanzen sind in der modernen Medizin, Pharmazie und Biologie von globalem Interesse [1,2]. Dies basiert einerseits auf der gesetzlichen

Forderung einer Neuevaluation vieler Chemikalien durch die Europäische Verordnung REACH [3] und andererseits auf dem Verbot von Tierversuchen durch die
EU-Richtlinien 2003/15/EG [4] und 2010/63/EU [5]. Analog zum Tierversuch
wird die Charakterisierung von Zell- bzw. Gewebereaktionen in Mehrfachbestim-
mung, mit unterschiedlichen Dosierungen und über längere Zeiträume realisiert.
Dies erfordert eine große Zahl an vernetzten Systemen, die über längere Zeiträume parallel versorgt und überwacht werden müssen. Von besonderem Interesse
sind optische Messmethoden, welche den Vorteil der Nicht-Invasivität mit hoher
Sensitivität verbinden [6]. Grundvoraussetzung für eine sensitive Fluoreszenzmessung ist die äquidistante Abtastung, damit überlagerte, periodische Störsi-
gnale kompensiert werden können.

3   Material und Methode

3.1   Fluoreszenzmesssystem

Zur Fluoreszenzmessung wurde ein etabliertes, maßgeschneidertes, miniaturi-
siertes Sensormodul verwendet [7]. Dabei wird das Licht zweier unterschiedlich
farbiger Hochleistungsleuchtdioden überlagert und in einer mikroskopähnlichen
Anordnung auf die Probe abgebildet. Das emittierte Licht wird über ein optisches
System mit großer numerischer Apertur erfasst und auf einen Photomultiplier
(H10723, Hamamatsu) fokussiert. Der Aufbau der Fluoreszenzmessung ist in
Abbildung 1 schematisch dargestellt.

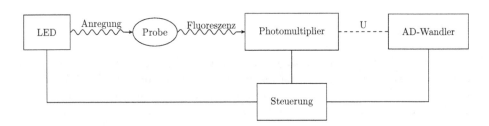

Abb. 1. Aufbau der Fluoreszenzmessung

3.2   Xenomai

Die Inbetriebnahme des Xenomai-Kernels wurde analog zum Projekt LinuxCNC
[8] durchgeführt. Dabei wurde der Raspbian-Kernel 3.2.27 mit dem für einen
Kernel der Version 3.2.21 vorgesehenen Xenomai-Patch 2.6.1 modifiziert.

Für Hardwarezugriffe unter Xenomai auf der Basis des Raspberry Pi gab es
bisher keine Angaben über das zeitliche Verhalten. Für das Beagle-Board wurden
bereits entsprechende Zeitmessungen durchgeführt [9].

3.3 Steuerungshardware

Für die Steuerung kommt ein Raspberry Pi Revision B mit einer speziellen Erweiterungsplatine zum Einsatz. Diese von SBU Schirmer + Dr. Berthold Umwelttechnik GmbH entwickelte Platine beinhaltet die Ansteuerungselektronik für zwei Hochleistungsleuchtdioden und einen Photomultiplier. Die äquidistante Konvertierung des Photomultiplier-Spannungssignals erfolgt mit dem Analog-Digital-Umsetzer (ADU) ADS8328 (Texas Instruments) [10]. Dieser wird über zwei GPIOs und das Serial Peripheral Interface (SPI) vom Raspberry Pi angesteuert.

3.4 Serial Peripheral Interface

Das SPI ist ein vollduplexfähiger Datenbus. Es existiert jedoch kein offizieller Standard, wie beispielsweise für den I^{2}C-Bus [11], so dass sich verschiedene Varianten etabliert haben. Die verwendete Variante [12, S. 148 ff.] nutzt drei Leitungen zum Zwecke der Kommunikation zwischen Master und Slaves.

Auf dem Kanal *Serial Clock* (SCLK) wird vom Master während einer Übertragung der Takt vorgegeben. Zur Datenübertragung vom Master zum Slave steht der Kanal *Master Out Slave In* (MOSI) zur Verfügung. Gleichzeitig kann der Slave über den Kanal *Master In Slave Out* (MISO) Daten an den Master senden. Der jeweiligen Slave wird für die Übertragung ausgewählt, indem ein dedizierter Kanal *Chip Select* (CS) für den entsprechenden Slave aktiviert wird.

Der Betriebsmodus wird über die zwei Parameter *Clock Polarity* (CPOL) und *Clock Phase* (CPHA) definiert. CPOL = 1 legt fest, dass an dem Kanal SCLK zwischen den Übertragungen ein High-Pegel anliegt. Analog liegt für CPOL = 0 ein Low-Pegel an. Die Taktgenerierung ist nur während der Übertragung aktiv. CPHA legt die Phase des Taktes fest, bei welcher die Datenbits auf auf den Kanälen MISO und MOSI geändert werden dürfen. Bei CPHA = 1 fallen die erste Taktflanke und der Anfang des Datenbits zusammen, bei CPHA = 0 die erste Taktflanke und die Mitte des Datenbits. Die Betriebsmodi und ein Beispiel einer SPI-Übertragung sind in Abbildung 2 dargestellt.

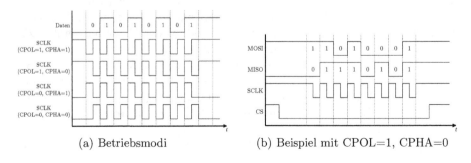

(a) Betriebsmodi   (b) Beispiel mit CPOL=1, CPHA=0

Abb. 2. SPI-Protokoll

Der SPI-Bus ist dem Layer 1 (physikalische Schicht) des ISO/OSI-Referenz-modells zuzuordnen. Nachrichtenlänge und -format sind damit immer vom konkreten Anwendungsfall abhängig und müssen Master und Slave bekannt sein.

Der Master kann alle für die Übertragungszeit relevanten Parameter kontrollieren. Er legt fest, wie lange vor (t_v) und nach (t_n) der Übertragung der Slave über CS ausgewählt wird, gibt die Taktfrequenz f vor und bestimmt so die Übertragungszeit. Damit charakterisiert

$$t_{\text{gesamt}} = t_v + n \cdot \frac{1}{f} + t_n \qquad (1)$$

die Dauer einer SPI-Übertragung, wobei n die Anzahl der zu übertragenden Bits beschreibt. Sind t_n, t_v, n nach oben und f nach unten beschränkt, dann ist t_{gesamt} nach oben beschränkt und die maximale Übertragungszeit einer SPI-Übertragung kann zugesichert werden.

Der Slave muss zwei Anforderungen erfüllen. Die bidirektionale Datenübertragung muss innerhalb der durch Takt vorgegebenen Zeitdauer abgeschlossen sein. Die notwendige Voraussetzung dafür ist die Erkennung und Auswahl des Slaves als Kommunikationspartner innerhalb der Zeitspanne t_v.

4   Konzeption der Messwerterfassung

Die vier Schritte zur Messung der Fluoreszenz sind die Initialisierung und Konfiguration der Hardware, die Aktivierung der Lichtquelle über eine vorgegebene Zeitspanne, die zyklische Messwerterfassung und das Abschalten der Hardware. Systemisch bedingt sind die Initialisierung und das Abschalten der Hardware und die Lichtquellenaktivierung als zeitunkritisch zu beurteilen. Als zeitkritischer Pfad ist die zyklische Messwerterfassung zu betrachten (siehe Abbildung 3).

Zur Erfassung der Messwerte ist eine zyklische Abtastung der Spannungswerte des Photomultipliers durch den ADU erforderlich. Diese Spannungswerte repräsentieren die Fluoreszenz als Intensität über die Zeit. Die Messung wird durch ein 40 ns-Signal am Kanal *Conversion Start* (CONVST) gestartet. Der ADU signalisiert das Ende der Messwertkonvertierung am Kanal *End of Conversion* (EOC) mit einer steigenden Flanke. Anschließend kann der konvertierte Messwert über den SPI-Bus ausgelesen werden. Dieser Vorgang sollte bis zum Beginn des nächsten Zyklus, welcher durch den Start der Konvertierung eingeleitet wird, beendet sein. Ansonsten kann ein fehlerbehafteter Wert im Ergebnisregister verbleiben, welcher die Korrektheit und Validität der Messreihe herabsetzt.

Die maximale Abtastrate ergibt sich aus der Dauer für die Generierung des Auslösesignals zum Einleiten der Konvertierung auf dem Kanal CONVST (t_{start}), der Dauer der Konvertierung im ADU (t_{conv}), der Dauer, die der Raspberry Pi benötigt um eine steigende Flanke zu erkennen (t_{int}) und dem Auslesen des Messwertes über SPI (t_{spi}). Daraus folgt der Zusammenhang

$$\frac{1}{f} \leq t_{start} + t_{conv} + t_{int} + t_{spi} \qquad (2)$$

zwischen den einzelnen Zeiten und der maximalen Abtastrate.

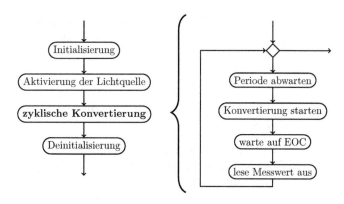

Abb. 3. Ablauf der Messwerterfassung

5 Implementation und Durchführung

5.1 Äquidistanz der Abtastung

Die Äquidistanz der Abtastung hat einen signifikanten Einfluss auf die Messabweichung. Dieser Zusammenhang führte zu einer notwendigen Analyse der verschiedenen Systemumgebungen unter der Beobachtung von timergesteuerten Flankenwechseln. Basierend auf diesen Ergebnissen wurde die Auswahl für eine Systemumgebung getroffen. Die verwendeten Schnittstellen für Timerfunktion und Zugriff auf die GPIOs sind in Tabelle 1 aufgeführt.

Tabelle 1. Genutzte Schnittstellen für den Test der Äquidistanz

Umgebung	GPIO-Zugriff	Periode
Linux Userspace	Zugriff auf die Dateien unter /sys/class/gpio mit open(), ...	setitimer()
Linux Kernelspace	gpio_set_value(), ...	hrtimer_init()
Xenomai Userspace	Einblenden der im Kernel eingeblendeten GPIOs mittels mmap() und direkter Zugriff auf die GPIOs	rt_periodic_task()
Xenomai Kernelspace	Einblenden des Speicherbereiches mit ioremap_nocache() und direkter Zugriff auf die GPIOs	rtdm_timer_start()

Am Anfang einer Periode wurde ein Pegelwechsel an einem GPIO mit einem Oszilloskop überwacht und die Frequenz der Auslösezeitpunkte variiert. Aus dem Kontext der Anwendung ergab sich die Anforderung, eine Frequenz von mindestens 10 kHz zu erreichen. Eine Frequenz von bis zu 100 kHz wurde angestrebt.

Mittels Lastprozessen bzw. externen Ereignissen konnten realistische Bedingungen simuliert werden. Dies beinhaltete eine leere While-Schleife im Linux Userspace, eine zyklische Pinganforderung und Interrupts über einen Frequenzgenerator im Bereich von 1 MHz.

5.2 Experimentelle Untersuchungen zu maximalen Ausführungszeiten

Die in Formel 2 beschriebene Berechnung der maximalen Abtastrate erfordert die Ermittlung der Ausführungszeiten der einzelnen notwendigen Teilschritte. Der Parameter t_{conv}, der die Dauer der Konvertierung im ADU beschreibt, kann nach [10] maximal 1,715 μs sein. Eine iterative experimentelle Analyse führte zur Quantifizierung der drei Parameter t_{start}, t_{int} und t_{spi}.

Für t_{start} muss ein High-Pegel für mindestens 40 ns am Kanal CONVST anliegen, um die Messwertkonvertierung im ADU zu starten. Dazu wurde analog Tabelle 1 ein Timer im Xenomai Kernelspace gestartet, ein High-Pegel am GPIO ausgegeben und nach einer Verzögerung ein Low-Pegel angelegt. Die Verzögerung wurde mit rtdm_task_busy_sleep() und einer vorgegebenen Wartezeit von 50 ns implementiert. Der GPIO wurde an ein Oszilloskop angeschlossen und die Zeit von der steigenden bis zur fallenden Flanke ausgewertet.

Der Abschluss der Konvertierung wird vom ADU mit einer steigenden Flanke signalisiert. Es wurden Polling und Interruptsteuerung zur Erkennung einer steigenden Flanke verglichen. Für das Polling wurde ein Echtzeittask im Xenomai Kernelspace gestartet, der permanent den Eingangs-GPIO abfragte und bei Erkennung am Ausgangs-GPIO einen kurzen Impuls ausgab. Für die Interruptsteuerung wartete der Task nicht aktiv, sondern registrierte sich mittels rtdm_irq_request() und reagierte bei Zustellung des Interrupts analog zum Polling. Ein- und Ausgang wurden mit einem Oszilloskop aufgezeichnet und die Zeit t_{int} zwischen steigender Flanke auf dem Eingang und dem Impuls am Ausgang vermessen. Zur Generierung der steigenden Flanke wurde ein Signalgenerator an den Eingang angeschlossen. Vor Beginn der neuen Messung muss der konvertierte Spannungswert als 2 Byte langer Befehl über den SPI aus dem ADU ausgelesen werden. Anfang und Ende einer SPI-Übertragung (t_{spi}) werden durch die Auswahl des Kommunikationspartners auf dem zugehörigen CS-Kanal gekennzeichnet. Die Übertragung eines 2 Byte-Befehls dauert mit dem in Raspbian mitgelieferten Treiber bis zu 70 μs, wodurch der Slave inakzeptabel lang blockiert wird. Daher wurde eine Eigenimplementation unter Nutzung der Hardwareunterstützung des Raspberry Pi für den SPI-Bus vorgenommen. Der ADU kann mit maximal 50 MHz den SPI-Bus bedienen. Aufgrund der Beschränkungen des Raspberry Pi konnten als maximale Übertragungsrate 41,7 MHz verwendet werden.

Abschließend wurde ein Kernelmodul entwickelt, das die in den vorangegangenen Tests entwickelten Lösungen zusammenfasste und alle erforderlichen Funktionalitäten zur Durchführung von Fluoreszensmessungen beinhaltete. Mittels Oszilloskop wurde das aufgestellte Kommunikationsmodell beobachtet und auf Anomalien untersucht.

6 Ergebnisse

6.1 Äquidistanz der Abtastung

Die Parameter und Ergebnisse zur Erfassung der zeitlichen Charakteristik eines periodisch generierten Signals sind in Tabelle 2 aufgeführt. Die Periode des Tasks im Linux Userspace betrug das 100-fache der eingestellten Periode. Unter den anderen Umgebungen kam es zu keinen Abweichungen. Frequenzen über 50 kHz waren im Xenomai Userspace nicht möglich, da in diesem Fall der Task durch einen Xenomai-Watchdog beendet wurde. Die Timer im Xenomai und Linux Kernelspace konnten bis 100 kHz verwendet werden. Die Standardabweichung unter Xenomai lag mit 0,270–0,760 μs bei etwa 20 % der Standardabweichung unter Linux. Daher wurden alle weiteren Implementationen im Xenomai Kernelspace durchgeführt, wie es auch in [9] für sehr zeitkritische Tasks empfohlen wird.

Tabelle 2. Ergebnisse des Tests zur Äquidistanz

Umgebung	f_o/MHz	f_s/kHz	Last	n	avg/μs	std/μs
Linux User	1,25	10	—	327	9 999,381	56,917
Linux User	1,25	10	while	199	20 049,548	3777,438
Linux Kernel	1,25	10	—	9 612	99,998	3,994
Linux Kernel	1,25	50	while	49 999	20,004	1,377
Linux Kernel	2,50	100	—	99 999	10,009	1,465
Linux Kernel	2,50	100	Interrupts	199 856	10,007	1,419
Linux Kernel	2,50	100	Pings	178 420	10,014	1,414
Xenomai User	2,50	10	—	9 898	99,995	1,609
Xenomai User	2,50	50	—	49 999	19,999	0,902
Xenomai User	2,50	50	while	47 128	19,999	1,052
Xenomai User	2,50	100	—	—	—	—
Xenomai Kernel	2,50	10	—	14 999	99,996	0,769
Xenomai Kernel	2,50	100	—	183 155	10,000	0,327
Xenomai Kernel	2,50	100	Interrupts	200 002	10,000	0,272
Xenomai Kernel	2,50	100	Pings	200 004	10,000	0,270

f_o – Aufzeichnungsfrequenz des Oszilloskops; f_s – Abtastfrequenz; n – Anzahl der aufgezeichneten Flanken/Timeraufrufe; avg – arithmetischer Mittelwert der Flankenabstände; std – Standardabweichung der Flankenabstände

6.2 Experimentelle Untersuchungen zu den maximalen Ausführungszeiten

Um den Wert t_{start} zu ermitteln, wurden 195 Impulse aufgezeichnet, die 0,050 μs dauern sollten. Real lagen diese zwischen 0,296 μs und bis zu 1,036 μs.

Anschließend wurde die Dauer bis zur Erkennung einer steigenden Flanke durch den Rasperry Pi mit Polling und Interruptsteuerung verglichen (Ergebnisse siehe Tabelle 3). Die maximale Erkennungszeit beim Polling ist geringer als das Minimum bei der Interruptsteuerung. Bei eingehenden Signalen mit 100 kHz wurde beim Polling eine Flanke nicht erkannt. Beim gleichzeitigen Betrieb des Timers und eines pollenden Echtzeittasks wurde dieser Task vom Xenomai-Watchdog terminiert. Daher wurde in der finalen Implementation trotz der schlechteren Maximalwerte für t_{int} auf die Interruptsteuerung zurückgegriffen.

Die untersuchte Ausführungszeit t_{spi} für eine 2 Byte-Übertragung auf dem SPI-Bus zum Auslesen des Messwertes betrug mit der Neuimplementation zwischen 0,823 µs und 1,436 µs. Dieser Wert liegt unter den Ergebnissen von 70 µs mit der Standardimplementation.

Tabelle 3. Ergebnisse des Tests zur Flankenerkennung

Art	f/kHz	Δ_{min}/µs	Δ_{max}/µs
Polling	10	0,120	1,696
Polling	100	0,120	0,492
Interrupt	10	2,784	14,216
Interrupt	30	2,416	11,516
Interrupt	50	1,776	17,292
Interrupt	100	1,716	16,912

f Frequenz der eingehenden Interrupts; Δ_{min} kürzeste gemessene Reaktionszeit; Δ_{max} längste gemessene Reaktionszeit

Werden die in den Tests ermittelten Werte in die Formel 2 eingesetzt, so ergibt sich

$$\frac{1}{f} \leq 1{,}036\,\text{µs} + 1{,}716\,\text{µs} + 17{,}292\,\text{µs} + 1{,}436\,\text{µs} = 21{,}480\,\text{µs}, \tag{3}$$

Theoretisch sind für die Abtastrate maximal $f \approx 46$ kHz erreichbar.

Im anschließenden Test des Kernelmoduls zur Fluoreszensmessung wurden die Kanäle CONVST, CS und EOC überwacht. Bis zu einer Abtastrate von 20 kHz konnte kein unerwartetes Verhalten beobachtet werden. Ab 25 kHz verstärkte sich der Effekt von Signalanomalien, welcher ab 30 kHz dauerhaft auftrat.

6.3   Systemvergleich

Für den Systemvergleich wurden verschiedene Calceinverdünnungen (10^{-4}, 10^{-6}, 10^{-7}, 10^{-8}) unter Variation von Abtastrate (1 kHz bzw. 10 kHz) und Aufzeichnungslänge (1000 ms bzw. 100 ms) vermessen. Die Stammlösung besaß eine Calceinkonzentration von 0,5 g/L. Dies entspricht ca. $8{,}03 \times 10^{-4}$ mol/L. Über die einzelnen Messreihen wurden arithmetische Mittelwerte gebildet.

In Abbildung 4 sind die Mittelwerte der 1 kHz- und der 10 kHz-Messung sowie der Referenzmessung aufgetragen. Das entwickelte System liefert vergleichbare Ergebnisse und ist für die Fluoreszenzmessung geeignet.

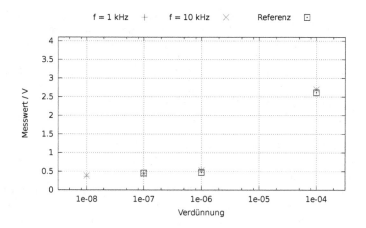

Abb. 4. Ergebnisse des Systemvergleichs

7   Zusammenfassung

Das SPI-Protokoll wurde analytisch untersucht und Bedingungen für den Einsatz unter Echtzeitbedingungen herausgearbeitet.

Untersuchungen zum zeitlichen Verhalten von Timeraufrufen in User- und Kernelspace unter Linux und Xenomai sowie der Variation von Frequenz und Last ergaben, dass bei einer Implementierung von echtzeitkritischen Anwendungen im Xenomai Kernelspace die besten Ergebnisse zu erwarten sind.

Weiterführend wurden der Aufruf einer zeitverzögernden Funktion, die Reaktionszeit auf eine steigende Flanke mittels Polling und Interrupterkennung sowie eine 2 Byte-lange SPI-Übertragung hinsichtlich ihrer maximalen Ausführungszeiten untersucht.

Aus diesen Untersuchungen ergibt sich eine maximale Abtastrate von 46 kHz. Bei Versuchen traten aber Anomalien auch bei Abtastraten ab 25 kHz auf.

Es konnte erfolgreich gezeigt werden, dass der Raspberry Pi als Echtzeitsystem eingesetzt werden kann und das Potential besitzt, die im konkreten Anwendungsfall durchzuführende Fluoreszenzmessung mit Abtastraten bis 20 kHz sicher zu realisieren.

Danksagung

Die Autoren danken dem Freistaat Sachsen und der Europäischen Union (SAB Projekt UNILOC) für die finanzielle Unterstützung.

Literaturverzeichnis

1. Sonntag F, Busek M, Steild J, et al.: Universelle Geräteplattform für das automatisierte Handling zellbasierter Assays. In: Beiträge 10. Dresdner Sensor-Symposium. Dresden : AMA Service GmbH, 2011

2. Marx U, Walles H, Hoffmann S, et. al.: 'Human-on-a-chip' Developments: A Translational Cuttingedge Alternative to Systemic Safety Assessment and Efficiency Evaluation of Substances in Laboratory Animals and Man? In: Alternatives to Laboratory Animals, ATLA. Bd. 40 (2012)

3. Europäisches Parlament: Verordnung (EG) Nr. 1907/2006 des Europäischen Parlaments und des Rates vom 18. Dezember 2006 zur Registrierung, Bewertung, Zulassung und Beschränkung chemischer Stoffe (REACH), zur Schaffung einer Europäischen Agentur für chemische Stoffe, zur Änderung der Richtlinie 1999/45/EG und zur Aufhebung der Verordnung (EWG) Nr. 793/93 des Rates, der Verordnung (EG) Nr. 1488/94 der Kommission, der Richtlinie 76/769/EWG des Rates sowie der Richtlinien 91/155/EWG, 93/67/EWG, 93/105/EG und 2000/21/EG der Kommission, 2007

4. Europäisches Parlament: Richtlinie 2003/15/EG des Europäischen Parlaments und des Rates vom 27. Februar 2003 zur Änderung der Richtlinie 76/768/EWG des Rates zur Angleichung der Rechtsvorschriften der Mitgliedstaaten über kosmetische Mittel, 2003

5. Europäisches Parlament: Richtlinie 2010/63/EU des Europäischen Parlaments und des Rates vom 22. September 2010 zum Schutz der für wissenschaftliche Zwecke verwendeten Tiere, 2010

6. Frascella F, Ricciardi S, Rivolo P, et al.: A Fluorescent One-Dimensional Photonic Crystal for Label-Free Biosensing Based on Bloch Surface Waves. In: Sensors, MDPI AG. Bd. 13 (2013)

7. Schmieder F, Schmieder S, Eger R, et. al.: Automated universal chip platform for fluorescence based cellular assays. In: Biomed Tech 2012; 57 (Suppl. 1), DOI: 10.1515/bmt-2012-4319.

8. Creating a minimal Raspbian based LinuxCNC image for Raspberry Pi; http://wiki.linuxcnc.org/cgi-bin/wiki.pl?RaspbianXenomaiBuild (abgerufen am 26.12.2013)

9. Dr. Jeremy H. Brown und Brad Martin: How fast is fast enough? Choosing between Xenomai and Linux for real-time applications; https://www.osadl.org/fileadmin/dam/rtlws/12/Brown.pdf (abgerufen am 12.12.2013)

10. Texas Instruments Incorporated: Low Power, 16-Bit, 500-kHz, Single/Dual Unipolar Input, Analog-to-Digital Converters with Serial Interface, Rev. Jan.,2011; http://www.ti.com/lit/ds/symlink/ads8327.pdf (abgerufen am 24.4.2013)

11. NXP Semiconductors: I^2C-bus specification and user manual, Version 5, 9.8.2012; http://www.nxp.com/documents/user_manual/UM10204.pdf (abgerufen am 23.12.2013)

12. Broadcom Corporation: BCM2835 ARM Peripherals, 6.2.2012; http://www.raspberrypi.org/wp-content/uploads/2012/02/BCM2835-ARM-Peripherals.pdf (abgerufen am 24.6.2013)

Laufzeitvalidierung einer Plattform zur semantischen Integration von Feldgerätedaten

Pedro Reboredo

Bosch Rexroth AG, Lohr am Main
pedro.reboredo@boschrexroth.de

Zusammenfassung. Mit Industrie 4.0 steigen die Anforderungen an eine durchgängige Vernetzung im Bereich der Fabrik. Für die Umsetzung verteilter Anwendungen kommt vermehrt das Paradigma serviceorientierter Architekturen zum Einsatz. Darüber hinaus ist eine modellbasierte Kommunikation auf Basis semantischer Informationsmodelle sinnvoll. Echtzeitfähige Feldbussysteme, wie z. B. Sercos III, ermöglichen ein deterministisches Zeitverhalten in der Kommunikation.
Die Anbindung der Feldebene an eine serviceorientierte Architektur innerhalb der Fabrik wird über die Semantische Feldgeräte-Integrationsplattform (SFIP) erlaubt. Dies deckt die vertikale Integration konventioneller intelligenter Feldgeräte in die Leitebenen der Fabrik ab. Im Rahmen dieser Ausarbeitung wird das Laufzeitverhalten der SFIP für die Nutzung in der „smarten Fabrik" evaluiert.

1 Einleitung

Die virtuelle Abbildung realer Objekte über semantische Modelle ist eine wesentliche Grundlage für die durchgängige Vernetzung im Internet der Dinge und Dienste (IoTS). Der Zugriff auf die Objekte erfolgt dabei über angebotene Dienste (Services). Für die Realisierung von verteilten Anwendungen unter Verwendung von Diensten deckt das Paradigma der serviceorientierten Architekturen (SOA) hierbei wesentliche Anforderungen ab [1]. Die Übertragung des IoTS-Prinzips auf die Domäne der „smarten" Fabrik ist ein wesentlicher Bestandteil der Vierten Industriellen Revolution (Industrie 4.0) [2].

Das heutige Prinzip der Kommunikation im Bereich der diskreten Fertigung lässt sich über die sog. Automatisierungspyramide beschreiben. Zur Steuerung und Regelung des technischen bzw. physikalischen Prozesses werden Feldgeräte als Sensoren und Aktuatoren eingesetzt. Die Anbindung der Feldgeräte erfolgt dabei typischerweise über Feldbussysteme, welche die anwendungsspezifischen Anforderungen an Echtzeit erfüllen. Ein durchgängiger modellbasierter Zugriff auf Feldgeräte mittels SOA ist heute typischerweise nicht möglich oder erfolgt unter hohen manuellen Aufwänden (vgl. auch [3]).

Die vorliegende Ausarbeitung beschreibt eine Methode für den modellbasierten und serviceorientierten Zugriff auf die Feldebene. Mittels der Semantischen Feldgeräte-Integrationsplatform (SFIP) [3] erfolgt die durchgängige Anbindung konventioneller Feldgeräte mittels SOA innerhalb der Fabrik. Der methodische

Aufbau beinhaltet sowohl ein semantisches Informationsmodell als auch die Umsetzung der Dienste auf Basis eines konventionellen Feldbussystems. Die an das Zeitverhalten gestellten Anforderungen werden dabei im Rahmen einer Evaluation untersucht.

2 Echtzeitanforderung im Rahmen von IoTS und Industrie 4.0

Heute gängige Ethernet-basierte Feldbussysteme lassen sich nach [4] bzw. [5] in drei Kategorien einteilen (siehe Abbildung 1). Bei Systemen der Kategorie A erfolgt die Übertragung von Nachrichten über Standard-Hardware und Standard-Protokolle, typischerweise auf Basis von IP (Internet Protocol), mit Zykluszeiten von bis zu 100 Millisekunden. Hierzu zählen z. B. EtherNet/IP und Modbus/TCP. In Kategorie B wird bei der Nachrichtenverarbeitung direkt auf die Sicherungsschicht zugegriffen. Echtzeitdaten werden mit höherer Priorität versendet. Die Nachrichtenübertragung erfolgt hierbei auf Standard-Hardware mit Zykluszeiten von bis zu 10 Millisekunden. Hierzu zählt z. B. PROFINET RT. Die dritte Kategorie C nutzt zur Übertragung von Echtzeitdaten eine echtzeitfähige Hardware. Mit Zykluszeiten von bis zu weniger als 1 Millisekunde erfüllt dies die größten Anforderungen. Erfüllt werden diese Anforderungen z. B. von Sercos III, PROFINET IRT und EtherCAT [4, 5].

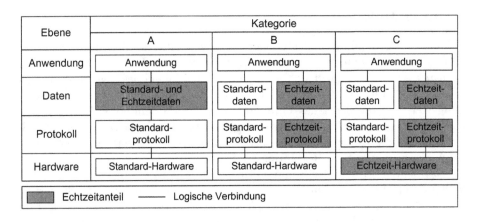

Abb. 1. Kategorien von Echtzeit-Ethernet, in Anlehnung an [4] und [5]

Über entsprechende Echtzeitverfahren gewährleisten die Feldbussysteme der höchsten Kategorie C ein deterministisches Verhalten. Ein typischer Anwendungsfall hierfür sind etwa Anwendungen aus dem Bereich der Bewegungssteuerung, z. B. industrielle Motion-Control-Anwendungen aus dem Bereich der Druck- und Verpackungstechnik.

Die durchgängige Anbindung Cyber-physischer Systeme im Kontext der Vierten Industriellen Revolution stellt eine hohe Anforderung an eine modellbasierte Kommunikation. Die Anforderungen an Echtzeit hängen hier ebenfalls vom jeweiligen Anwendungsfall ab. Ein solcher möglicher Anwendungsfall ist beispielsweise ein intelligentes Instandhaltungsmanagement, basierend auf der durchgängigen Verfügbarkeit von Informationen [6]. Eine wesentliche Herausforderung ist die Befähigung heutiger Feldbussysteme und -geräte für die Kommunikation innerhalb serviceorientierter Architekturen [7].

3 Realisierung der Semantischen Feldgeräte-Integrationsplattform (SFIP)

Die Semantische Feldgeräte-Integrationsplattform (SFIP) ermöglicht die Anbindung konventioneller Feldgeräte an serviceorientierte Architekturen, z. B. innerhalb eines Fabriknetzwerkes. Als Grundlage hierfür beinhaltet die Plattform ein virtuelles Abbild aller Feldgerätedaten der Feldebene und ermöglicht somit eine modellbasierte vertikale Integration. Grundlage hierfür ist eine entwickelte Ontologie (Maschinenontologie) für den Zugriff auf die Maschine als Cyber-physisches System auf Basis des OPC-UA-Informationsmodells. Dies erlaubt die Einordnung der Feldgerätedaten in den Gesamtkontext der Maschine [8]. Die der SFIP zugrunde liegende feldgerätezentrierte Ontologie setzt detailliert die Datenbeschreibung der Feldebene am Beispiel von Sercos [3]. Zur Validierung der Methode wurde ein Demonstrator umgesetzt (siehe Abbildung 2).

Die Umsetzung erfolgte dabei auf Basis der SOA-basierten Kommunikationstechnologie OPC UA. Über das in einem OPC-UA-Server integrierte Informationsmodell lassen sich Entitäten und Beziehungen semantisch beschreiben und erkunden. Als Teil der OPC-UA-Spezifikation werden dabei bereits unterschiedliche Dienste definiert, z. B. Dienste zum semantischen Erkunden, Lesen und Schreiben, Änderungsmittteilungsdienste oder Methodenaufrufdienste. Des Weiteren wurde der hochperformante Automationsbus Sercos als Ethernet-basiertes Feldbussystem ausgewählt. Das offene Feldbussystem hat sich mit seiner höchsten Anforderungsklasse im Bereich der Fabrikautomatisierung etabliert, z. B. für Druck-, Verpackungs- und Werkzeugmaschinen. Zudem bietet Sercos eine umfassende Anzahl an standardisierten Anwendungsprofilen, z. B. für Bildverarbeitung, E/A-Module und Antriebssysteme, basierend auf einem logischen Gerätemodell [3].

4 Diensteanpassung

Heutige intelligente Feldgeräte stellen eine Vielzahl von Parametern, z. B. für die Konfiguration und Steuerung, bereit. Mit der steigender Anzahl an Feldgeräten vergrößert sich das Modell rapide. Zur Reduzierung von Ressourcen sollen Synchronisationsmechanismen mit doppelter Datenhaltung vermieden werden. Die Anpassung der Feldgerätefunktionen auf SOA-Dienste erfolgt deshalb basierend

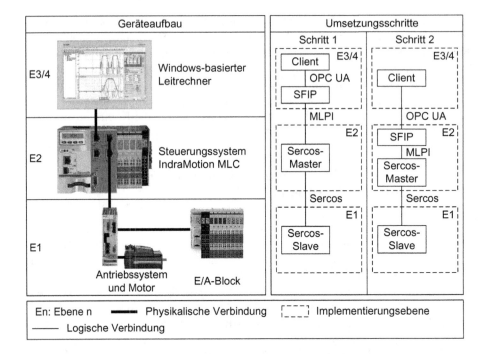

Abb. 2. Geräteaufbau und Umsetzungsschritte des SFIP-Demonstrators

auf dem Stellvertreter-Entwurfsmuster. Abbildung 3 beschreibt das Prinzip des Entwurfsmusters innerhalb der SFIP.

Ein Stellvertreter-Verzeichnis verwaltet sämtliche Stellvertreter innerhalb der SFIP. Pro Knotentyp existiert ein Stellvertreter. Funktional betrachtet ruft ein SOA-Client aus einer Anwendung heraus einen Dienst des SOA-Servers auf. Die Umsetzung des Dienstes erfolgt, je nach Knotentyp, über eine Funktion innerhalb eines Stellvertreters. Die entsprechende Dienstanfrage wird, basierend auf der verfügbaren Feldbusschnittstelle, über Funktionen zum Lesen und Schreiben umgesetzt. Die eigentliche Logik des SOA-Dienstes befindet sich innerhalb der Stellvertreter-Funktion. Beim Dienstaufruf erfolgt die Übergabe einer eindeutigen hieran geknüpften und ggf. zuvor erkundeten Knotenidentifikation. Das Stellvertreter-Verzeichnis leitet die Dienstanfrage hiernach an den passenden Stellvertreter.

Die Kommunikation zu den Feldgeräten erfolgt typischerweise zwischen den Sercos-Echtzeit-Telegrammen im Sercos-UCC-Kanal (Unified Communication Channel). Die zeitliche Entkopplung beider Anfragen erfolgt über einen Nachrichtenpuffer. Abbildung 4 verdeutlicht diesen Zusammenhang.

Der Nachrichtenpuffer puffert die Anfrage des Servers an den Stellvertreter. Über den nicht-zyklischen Kommunikationskanal erfolgt eine Anfrage an das Feldgerät. Bei einer Integration der SFIP in einen Sercos-Master, z. B. innerhalb einer Industriesteuerung, können zyklisch übertragene Parameterwerte direkt

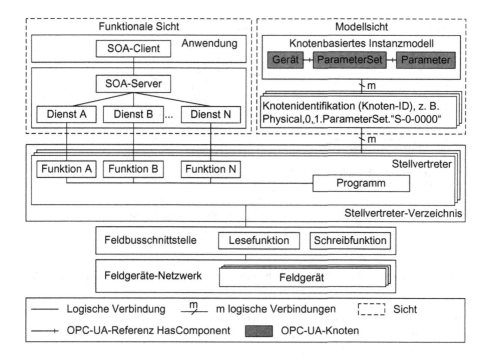

Abb. 3. Prinzip des Stellvertreter-Entwurfsmusters innerhalb der SFIP

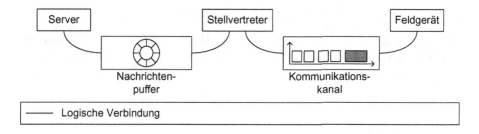

Abb. 4. Umsetzung der Daten zwischen Server und Feldgerät innerhalb der SFIP

zugänglich gemacht werden. In dem Fall liegen die zyklisch aktualisierten Daten im Server vor und können direkt aufgerufen werden. Abbildung 5 verdeutlicht diesen Sachverhalt.

5 Demonstratorumsetzung

Für die Umsetzung der Server-Software wird das Software-Development-Kit ANSI-C Server SDK von Unified Automation verwendet. Als Grundlage für eine portable Software werden die Betriebssystemaufrufe hier bereits abstrahiert. Der Zugriff auf den Sercos-Master erfolgt über Open Core Engineering von Bosch

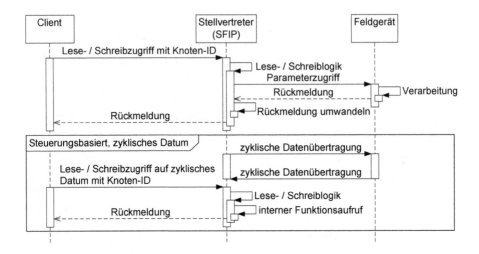

Abb. 5. Umsetzung der Daten zwischen Server und Feldgerät innerhalb der SFIP

Rexroth [9]. Über das Open Core Interface als Programmierschnittstelle (API) ist der Zugriff auf den Sercos-Master möglich. Zudem erfolgt hier ebenfalls die Abstraktion des Betriebssystems.

Tabelle 1 beschreibt die für die Umsetzung verwendete Hardware.

Die Umsetzung der SFIP erfolgt im ersten Schritt auf dem Windows-basierten Leitrechner in den Leitebenen (E3/4). Auf dem Leitrechner werden zudem der OPC-UA-Client und die OPC-UA-basierte SFIP ausgeführt. Der Sercos-Master befindet sich in dem Steuerungssystem IndraMotion MLC von Bosch Rexroth. Über Sercos erfolgt hier der Zugriff auf die Feldebene. Im zweiten Schritt erfolgt die Umsetzung der SFIP auf dem Steuerungssystem als Open-Core-Interface-Bundle.

6   Validierung

Auf Basis der umgesetzten SFIP werden nun die Laufzeiten des Systems untersucht. Zunächst wird der Einfluss von Datengrößen betrachtet. Hierbei werden für die PC- (Schritt 1) und steuerungsbasierte (Schritt 2) Umsetzung die Antwortzeiten bei unterschiedlichen Datengrößen bestimmt. Die zweite Fragestellung betrachtet den Vergleich beider Umsetzungen bei gleicher Datengröße. Abschließend befasst sich die dritte Fragestellung mit der Erfüllung der Echtzeitanforderungen für die Vernetzung innerhalb der „smarten Fabrik" im Hinblick auf mögliche Anwendungsfälle.

Tabelle 2 listet die ausgewerteten Antwortzeiten des SFIP-Lesedienstes auf. Die Bestimmung der Antwortzeiten erfolgt bei einer Sercos-Zykluszeit von 2 ms durch die Messung von 1000 hintereinander folgenden Leseanfragen auf Basis eines Mehrkanal-Messgeräts für Echtzeit-Ethernet und einer anschließender Messreihenverarbeitung.

Tabelle 1. Informationen zu den relevanten Gerätekomponenten

PC (SFIP)	
Hersteller	Lenovo
Typ	Thinkpad T530
Prozessor	Intel Core i5-3320M (Dual-Core)
Taktfrequenz	2 x 2.6 GHz
Arbeitsspeicher (RAM)	16 GB
PC (Client)	
Hersteller	Lenovo
Typ	Thinkpad T510
Prozessor	Intel Core i5-520M (Dual-Core)
Taktfrequenz	2 x 2.4 GHz
Arbeitsspeicher (RAM)	8 GB
Steuerungssystem	
Hersteller	Bosch Rexroth AG
Typ	IndraControl L65
Firmware	IndraMotion MLC, Version 14T01.0045
Prozessor	Intel Celeron (Single-Core)
Taktfrequenz	1 GHz
Antriebssystem	
Hersteller	Bosch Rexroth AG
Typ	IndraDrive CS L65
Firmware	IndraDrive MPB, Version 17V14
Digital-Ein-/Ausgabemodul	
Hersteller	Bosch Rexroth AG
Typ	R-ILB S3 24 DI 16 DIO16
Messgerät	
Hersteller	Beckhoff
Typ	ET2000
Genauigkeit Zeitstempel	10 Nanosekunden
Durchlaufverzögerung	< 1 Mikrosekunde

Basierend auf der PC-basierten Umsetzung 1 erkennt man in Abbildung 6 eine minimale Abweichung der Antwortzeiten bei unterschiedlichen Datengrößen. Abbildung 7 zeigt die Messreihe basierend auf der steuerungsbasierten Umsetzung. Im Mittel gibt es zwischen den unterschiedlichen Datengrößen eine geringere Abweichung, jedoch einen erhöhten Mittelwert im Vergleich zur ersten Umsetzung. Bei kleinerem Datentyp ist die Standardabweichung hier geringer im Falle des geringeren Datentyps und größer im Falle des größeren Datentyps. Abbildung 8 zeigt die Messreihe im Falle des kleineren Datentyps mit beiden Umsetzungen.

Tabelle 2. Auswertung der Antwortzeiten des SFIP-Lesedienstes, gemessen mit beiden Umsetzungen

Umsetzung	PC-basiert	
Parameter	**S-0-0011**	**S-0-0187**
Datentyp	**UINT16**	**UINT32[337]**
Minimalwert [ms]	2,872	4,142
Maximalwert [ms]	7,349	7,778
Mittelwert [ms]	4,270	5,231
Standardabweichung [ms]	0,555	0,427
Standardabweichung [%]	12,999	8,159

Umsetzung	Steuerungsbasiert	
Parameter	**S-0-0011**	**S-0-0187**
Datentyp	**UINT16**	**UINT32[337]**
Minimalwert [ms]	4,705	4,884
Maximalwert [ms]	9,158	10,008
Mittelwert [ms]	5,498	5,869
Standardabweichung [ms]	0,409	0,984
Standardabweichung [%]	7,439	16,770

Insgesamt zeigt sich, dass die gemessenen Werte deutlich unterhalb von 10 ms liegen. Für die Anwendungsfälle im Umfeld von Industrie 4.0 ist dies eine sehr hohe Performanz. Gleichzeitig wird hierüber ein sehr umfangreiches Abbild der Feldebene erreicht, und der Zugriff auf Basis semantischer Informationsmodelle erlaubt. Die SFIP erlaubt die Anbindung konventioneller intelligenter Feldgeräte in das Zeitalter der intelligenten Fabrik, und ermöglicht die Umsetzung neuer, zukunftsfähiger Anwendungsfälle.

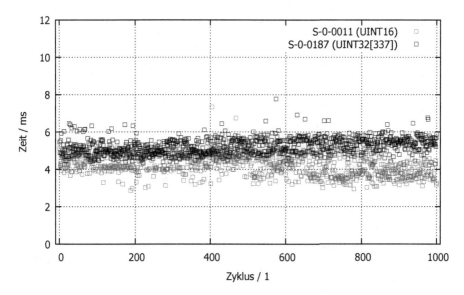

Abb. 6. Antwortzeiten bei unterschiedlichen Datengrößen, basierend auf Umsetzung 1 (PC-basierte SFIP)

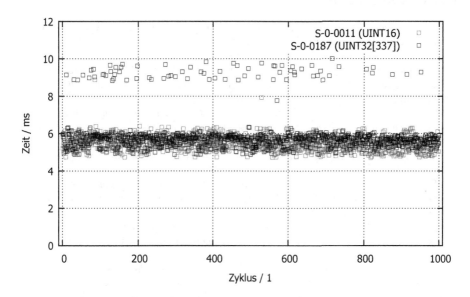

Abb. 7. Antwortzeiten bei unterschiedlichen Datengrößen, basierend auf Umsetzung 2 (steuerungsbasierte SFIP)

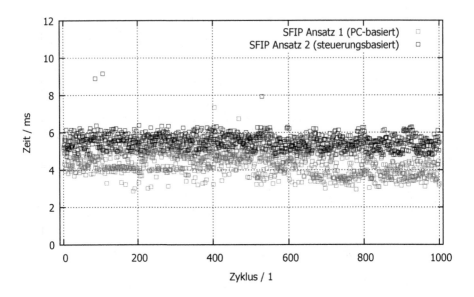

Abb. 8. Aufzeichnung der Antwortzeiten bei gleicher Datengröße (Parameter S-0-0011, Datenlänge 2 Byte), im Vergleich zwischen PC- und steuerungsbasierter SFIP

Literaturverzeichnis

1. Zühlke, D. *SmartFactory – Towards a factory-of-things.* In: Annual Reviews in Control, Band 34, Heft 1 (Apr. 2010), S. 129–138.
2. Bauernhansl, T. *Die Vierte Industrielle Revolution – Der Weg in ein wertschaffendes Produktionsparadigma.* In: Industrie 4.0 in Produktion, Automatisierung und Logistik – Anwendung, Technologien, Migration. Wiesbaden: Springer, 2014. Kap. Einführung, S. 5–35.
3. Reboredo, P.; Keinert, M. *Integration of discrete manufacturing field devices data and services based on OPC UA.* In: Industrial Electronics Society, IECON 2013, S. 4476–4481.
4. Klasen, F.; Oestreich, V.; Volz, M. *Industrielle Kommunikation mit Feldbus und Ethernet.* Berlin, Offenbach: VDE-Verlag, 2010.
5. Nof, S. Y. *Springer Handbook of Automation.* Berlin [u.a.]: Springer, 2009.
6. Kagermann, H.; Wahlster, W.; Helbig, J. *Umsetzungsempfehlungen für das Zukunftsprojekt Industrie 4.0.* Berlin: acatech, 2013.
7. Zühlke, D. *SmartFactory – A Vision becomes Reality.* In: Keynote Papers of the 13th IFAC Symposium on Information Control Problems in Manufacturing (INCOM 09). ICS / RAS, 2009, S. 31–39.
8. Reboredo, P.; Müller, S. *Modellierung einer mechatronischen Ontologie als OPC Unified Architecture (UA) Informationsmodell.* In: SPS/IPC/DRIVES 2012 – Elektrische Automatisierung – Systeme und Komponenten, Fachmesse & Kongress. VDE-Verlag, 2012, S. 117–126.
9. Bürger, T.; Tragl, K. *SPS-Automatisierung mit den Technologien der IT-Welt verbinden.* In: Industrie 4.0 in Produktion, Automatisierung und Logistik – Anwendung, Technologien, Migration. Wiesbaden: Springer, 2014. Kap. Migration.

Kollaborative Fertigung mittels eines Multiagentensystems zur Vernetzung anlagenspezifischer Echtzeitsysteme

Daniel Regulin, Michael Schneider und Birgit Vogel-Heuser

Lehrstuhl für Automatisierung und Informationssysteme
Technische Universität München
{regulin, schneider, vogel-heuser}@ais.mw.tum.de

1 Einleitung

Die kollaborative Fertigung eines gemeinsamen Produktes auf unterschiedlichen Fertigungsmaschinen, die sowohl örtlich im Unternehmen verteilt oder unternehmensübergreifend stattfindet, ist eine Herausforderung der zukunftsgerichteten Produktion im Rahmen von Industrie 4.0. Dies umfasst die Verkettung von Produktionsanlagen und Robotern mit einer heterogenen Steuerungsarchitektur bei gleichzeitiger dynamischer Verwaltung der an der Produktion und Wartung beteiligten Produktionseinheiten. Ein weiteres Ziel neben der Vernetzung von Anlagen und Steuerungen ist die Integration aus dem Multimedia-Bereich bekannter Komponenten zur Einbindung des Menschen. Der Beitrag beschreibt die Integration der Aspekte Vernetzung und Auftragsmanagement mit der Losgröße eins und Berücksichtigung der Echtzeit-Randbedingung bei Produktionsmaschinen, hier roboterbasierten Produktionsmaschinen. Zur Umsetzung der genannten Aspekte wird ein Multiagentennetzwerk angewandt, welches intelligente, heterogene Softwareteile vernetzt und eine Optimierung der Abläufe ermöglicht.

2 Stand der Technik

Die unternehmensweite Vernetzung von Produktionsmaschinen und Aggregation von Prozess- und Produktionsdaten wird heute bereits produktiv eingesetzt und durch viele kommerzielle Werkzeuge unterstützt. Manufacturing Execution Systeme (MES) beispielsweise leisten die Koordination, Führung und Lenkung automatisierter Maschinen und Anlagen eines Unternehmens nach zuvor definierter Architektur sowie implementierten Regeln bzw. Algorithmen [1].

ERP- und PDM- Systeme bieten die Möglichkeit zur Unterstützung des Engineerings sowie zur Planung der Produktion und Disposition von Werkstücken und Produkten. Eine direkte Anbindung von Produktionsanlagen unter Berücksichtigung der Anforderungen, zum Beispiel Echtzeit, Eingriff in den Steuerungscode, Rekonfiguration und Bedien- sowie Wartungsunterstützung ist jedoch nicht vorgesehen. Lee et al. beschreibt die Vorteile der Digitalisierung von Produktionsprozessen basierend auf der Verbindung von Daten der ERP- und PDM-

Systeme [2]. Die ausgeführten Operationen finden jedoch nicht auf der Feldebene statt, sondern greifen für die Aggregation von Produktionsdaten lediglich auf Schnittstellen von Leitsystemen der Fertigungstechnik zurück.

Beobachtung sowie aktiver Eingriff in den Steuerungscode ist bisher nur über Fernwartungsoptionen zur Fehlerdiagnose oder zur Aktualisierung möglich, die zum Großteil durch die Steuerungshersteller vertrieben bzw. durch den Maschinenhersteller betrieben und über proprietäre Schnittstellen angebunden sind. Daher ist initial meist keine Anbindung an übergeordnete Planungs- bzw. Managementsysteme vorgesehen. Lerch et al. beschreibt die Optionen zur Erfassung von Messdaten basierend auf Steuerungsprogrammen und verweisen gleichzeitig auf die Bindung an spezielle Schnittstellen sowie Bussysteme (z.B. MODBUS-TCP) [3]. Eine weitere Einschränkung besteht in der Echtzeitfähigkeit der Datenübertragung. Eingriffe in den Steuerungscode von regelungstechnischen Komponenten sowie die Rekonfiguration, bspw. durch Ausfall einer Anlage oder Anlagenkomponente (z.B. Sensor) erfordert die Rekonfiguration der Anlage bzw. die Änderung des Produktionsprozesses in Echtzeit. Sollen mehrere Anlagen mit heterogener Steuerungsarchitektur verkettet werden, ist ein durchgängiges Konzept erforderlich, um die Stabilität des Prozesses aufrecht zu halten und Optimierungen hinsichtlich des Verhaltens sowie der Effizienz der durchzuführen.

Für diese Klasse von Problemen sind Agentensysteme Gegenstand der aktuellen Forschungsaktivitäten im industriellen Umfeld. Technische Agenten sind nach der VDI-Richtlinie 2653 definiert als eine abgrenzbare Hardware- oder/und Software-Einheit mit definierten Zielen, welche sie durch selbstständiges Verhalten erreichen. Dabei interagieren sie mit ihrer Umgebung und anderen Agenten. Eine weitere Eigenschaft eines Agenten ist, dass er über Wissen bzgl. der jeweils vom ihm gesteuerten technischen Komponente, zum Beispiel Maschine oder Anlage verfügt. Dieses „Wissen" ist Teil seines Modells bzw. Programmcodes und ermöglicht es dem Agenten, das technische System gezielt zu beeinflussen. Softwareagenten können die Zusammenführung der Kernkompetenzen im Sinne von Fertigungsanlagen oder Maschinen verschiedener Unternehmen bei der Bearbeitung eines gemeinsamen Produktes unterstützen und ermöglichen somit die Fertigung komplexer, kundenindividueller Produkte. Die betrachteten Einheiten des technischen Systems sind in der Regel Maschinen bestehend aus einer Modularchitektur, welche aus einer vom Softwarearchitekt gewählten Granularität der Abstraktion des Systems entspringt. Auf Basis von Maschinendaten, einer auftragsbezogenen Produktkonfiguration sowie dem aktuellen Auftragsstatus kann somit zur Laufzeit eine Problemlösung mittels des Agentenwissens für neue Anforderungen bewertet werden, um das Produkt nach geforderten Kriterien (z.B. Energie, Zeit) optimal zu fertigen [4, 5].

Leitao et al. [6] und Göhner [7] beschreiben die Entwicklungen sowie den Einsatz von Agentensystemen in verschiedenen Domänen. Während die Sektoren E-Commerce, Business-Anwendungen und Logistik bereits über das Stadium der Versuchsdurchführung unter akademischen Laborbedingungen hinaus reale Implementierungen von Agentensysteme aufweisen, sind produktiv eingesetzte Lösungen im Umfeld der Produktion selten [6]. Im Forschungsumfeld liegen zahlreiche Konzepte bzw. Ansätze für den Einsatz von Agenten und Nutzung des Potentials zur Erhöhung der Flexibilität, Adaptivität sowie der Effizienz von Produktionsprozessen vor [8–12].

In Kooperation des Lehrstuhls AIS der TU München, dem ifak und IFAT Magdeburg sowie dem IAS der Universität Stuttgart konnte eine Agenten-Architektur sowie ein Netzwerkprotokoll implementiert werden [13]. Ein gemeinsam entwickeltes Szenario, welches als prototypisches Produktions-Evaluationsbeispiel dient, ist der deutschlandweite Industrie 4.0-MyJoghurt-Demonstrator.

3   Agentenframework MyJoghurt

Die Referenzarchitektur für das Agentenframework wurde basierend auf den erarbeiteten Konzepten und Erfahrungen des MyJoghurt-Demonstrators entwickelt. Dabei sollen mit dem Agentenframework die verschiedenen Aspekte der kollaborativen Produktion im Rahmen der aktuellen Entwicklung von Industrie 4.0 abgedeckt werden. Die Referenz-Architektur besteht dazu aus Anlagenagenten, Koordinations-Agenten, Kunden-Agenten sowie deren Kommunikationswege im Netzwerk und zur I4.0-Cloud (Abbildung 1).

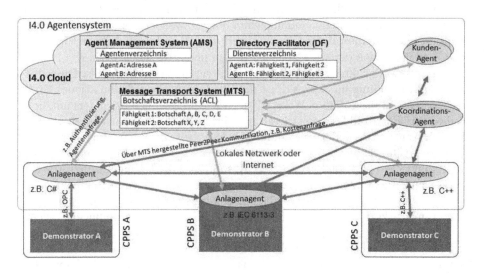

Abb. 1. Architektur des Agentennetzwerkes [14]

Die Anlagenagenten besitzen dabei eine direkte Schnittstelle zu den Echtzeit-Steuerungen der Produktionsanlagen und können somit Prozessdaten erfassen. Diese anlagennahen Agenten knüpfen auf der Echtzeitebene an und berechnen aus den erhobenen Daten einen Preis für Auftragsanfragen des Netzwerkes und geben ein entsprechendes Gebot ab. Die Koordination des Fertigungsprozesses, bzw. Konfiguration und Parametrierung der Prozessschritte für die Fertigung eines Produktes wird von Koordinationsagenten übernommen. Diese koordinieren die Verkettung der Produktionsinstanzen nach den nutzerspezifischen Aufträgen sowie den Zielen (technischer Prozess) im Verhältnis zu vorhandenen Ressourcen und verwalten zur Laufzeit einen Verhandlungsmechanismus mit Angebot und Nachfrage. Resultierend aus den Verhandlungen passt sich der Produktionsprozess optimal an die gestellten Anforderungen an [7]. Grundlage ist die echtzeitfähige Implementierung sowie die Einschränkung der Handlungsmöglichkeit durch den Handlungsspielraum [15]. Eine Rekonfiguration der Agenten zur Echtzeit, zum Beispiel in Folge eines Sensorausfalls weist Wannagat et al. [15] am Beispiel einer Sortieranlage sowie einer kontinuierlichen Thermo-Hydraulikpresse nach und stellt ein Konzept vor, mit dem Agenten auf echtzeitfähigen Plattformen der IEC 61131 implementiert werden können. Die Implementierung der Agenten auf den im Agentenframework integrierten Steuerungen wird durch durch das modellbasierte Vorgehen erleichtert. Schütz et al. [16] beschreibt die werkzeugunterstützte Erstellung von Agenten auf Basis der Systems Modeling Language (SysML) mit Abbildungsregeln für den Code der Software. Zur Darstellung werden Parameter-, Aktivitäts- und Blockdefinitionsdiagramme verwendet. Der Ansatz von Legat et al. [17] zur Rekonfiguration der IEC- Software durch den Agenten auf Basis dieser Modellgrundlage [18] optimiert die Reihenfolge des Produktionsprozesses in Folge geänderter Anforderungen. Der Kundenagent repräsentiert die Schnittstelle zu den Kunden bzw. am Fertigungsprozess beteiligten Personen. Kundenagenten kommunizieren über Anwenderprogramme, Websites, Apps oder andere interaktive Interfaces mit den Menschen und unterstützten so eine Repräsentation der verschiedenen Rollen im Agentennetzwerk.

Das Netzwerk kann dynamisch Agenten integrieren oder entfernen. Die selbstständige Anmeldung im Netzwerk ist dabei eine grundlegende Funktionalität eines jeden Agenten. Auf diese Weise können für Unternehmen besonders nützliche Teilaspekte der Produktion als Rescource in der I4.0-Cloud angeboten werden. Je nach Angebot verändern sich damit der Weg bzw. die eingesetzten Produktionsmittel während des Fertigungsprozesses. Das Management der Verbindungen übernimmt die I4.0 Cloud, welche das Wissen über die Konfiguration des Netzwerkes und die Namen bzw. Beschreibungen der am Netzwerk teilnehmenden Agenten besitzt. Publiziert sind die Informationen über unterstützte Dienste des Frameworks im „Directory Facilitator" (DF). Eine Zuordnung der Dienste erfolgt durch das Mapping auf das „Agent Management System" (AMS), welches die aktuellen Ressourcen dynamisch verwaltet, indem sich die Agenten dort registrieren oder abmelden. Aus den I4.0-Cloud-Informationen von DF und AMS resultieren die für den Kunden aktuell konfigurierbaren Ausprägungen eines Produktes, welche für Nutzer durch den Kundenagenten zugänglich sind. Da zur Kommunikation der Agenten im Framework ein einheitlicher Wortschatz notwendig ist, verwaltet das „Message Transport System" (MTS) die zuvor definierten Botschaften. Der zum Austausch verwendete Wortschatz zur Abdeckung der grundsätzlichen Funktionalität lässt sich in folgende Kategorien einteilen:

1. Statusbotschaften (ca. vier) der Produktionsanlagen und Roboter,
2. Botschaften (ca. sechs) zur Realisierung des Werkstückaustauschs,
3. Botschaften (ca. vier) zur Beschreibung von Werkstückspezifikationen,

4. Botschaften (ca. vier) zur Angebotsab- bzw. Auftragsvergabe,

5. Botschaften (ca. sechs) zur Koordination und Kundeninteraktion.

Eine Zeitabhängigkeit als Randbedingung aller Produktionsprozesse zwingt zur Überwachung der nachrichtenbasierten Kommunikation und Einhaltung einer maximalen Latenz zur Sicherstellung eines echtzeitfähigen Produktionsprozesses.

4 Aspekt der Echtzeit

Nach Lauber/Göhner bedeutet Echtzeit im Umfeld der Automatisierungstechnik die „Erstellung von Programmen so, dass bei der Datenverarbeitung im Computer die zeitlichen Anforderungen an die Erfassung der Eingabedaten, an die Verarbeitung im Computer und an die Ausgabe der Ausgabedaten erfüllt werden" [19]. Das Agentennetzwerk umfasst Komponenten mit verschiedenen Anforderungen an die Kommunikation. Besonderer Fokus liegt daher auf der Einordnung der Bestandteile des Agentennetzwerkes in die korrekte Kategorie unter Berücksichtigung der Randbedingungen Kommunikationszeit und Datenmenge. Die hardwarenahen Elemente des Agentennetzwerkes sind den Dienstklassen entsprechend des Ansatzes von Jasperneite [20] zuordenbar (Tabelle 1). Das Kriterium ist hier die Anforderung an die Übertragungsgeschwindigkeit.

Tabelle 1. Einordnung der Elemente des Agentsystems bezüglich Echtzeitanforderungen in die Klassifikation nach Jasperneite [20]

Entität im Agentennetzwerk	Komplexität der übermittelten Information	Reaktions-zeit	Dienst-klasse
mechatr. Einheit (eine Steuerung)	gering (analog/digital)	≤ 1 ms	3
Anlage (mehrere Steuerungen)	gering (Echtzeitprot.)	10–100 ms	2
Agent-Anlagenseite	gering (Echtzeitprot.)	10–100 ms	2
Agent-Cloudseite	mittel (W/LAN, mobil)	1–5 s	–
Koordinator-Agent	mittel (W/LAN, mobil)	1–5 s	–
Kunden-Agent	hoch (W/LAN, mobil)	5–10 s	–
Agent Management System (AMS)	mittel (W/LAN, mobil)	1–5 s	–
Directory Facilitator (DF)	mittel (W/LAN, mobil)	1–5 s	–
Message Transport System (MTS)	mittel (W/LAN, mobil)	1–5 s	–

Aufgrund der unterschiedlichen Anforderungen sind Schnittstellen zwischen den Ebenen der klassifizierten Elemente zu definieren. Regelungstechnische Anwendungen fordern die Festlegung einer maximalen Latenzzeit. In mechatronischen Systemen der Automatisierungstechnik setzt sich diese sowohl aus den dynamischen Eigenschaften des Systems sowie den Zeiten für Datenübertragung und Berechnung zusammen. Aus den automatisierungstechnischen Anteilen resultiert eine Latenz bestehend aus den Zeitspannen für die Digitalisierung der Sensorwerte, Übertragung der Signale zur Steuerung, Verarbeitung in der Steuerung sowie Übermittlung der Stellgrößen an die Aktorik. Die Summe dieser

Zeiten darf eine aus regelungstechnischer Sicht existierende maximale Zeitdauer nicht überschreiten, um die Steuerbarkeit und Regelbarkeit des Systems zu gewährleisten. Abhängig von der Dynamik der Anwendung liegen die Zeitkonstanten im Bereich weniger Millisekunden. Eine Überschreitung der definierten maximalen Totzeit hat aufgrund der Zeitabhängigkeit dynamischer Systeme die Instabilität zur Folge. Auf dieser Ebene sind Echtzeitbussysteme bzw. eine direkte Verdrahtung erforderlich, um die Echtzeitbedingung bei dem Transport von analogen oder digitalen Signalen zu garantieren. Eine Integration geregelter Strecken in übergeordnete Systeme, welche physikalische Verknüpfungen besitzen, müssen Führungsgrößen für die Regler zum korrekten Zeitpunkt bereitstellen sowie Informationen des geregelten Systems verarbeiten und interpretieren. Da in Produktionsanlagen viele dieser geregelten Systeme existieren, sind auch auf dieser Aggregationsebene Echtzeitanforderungen einzuhalten. Je nach Anwendung liegt die maximale Latenz hier im Bereich unter 100 Millisekunden (Tabelle 1). Alle über dieser Ebene angeordneten Kommunikationswege verarbeiten komplexere Informationen, welche weniger direkten Einfluss auf Aktoren und Sensoren sondern Planungs-bzw. Managementcharakter besitzen. Aufgrund der Flexibilität und Anbindungsoptionen finden LAN-, WLAN oder Mobilfunk-Protokolle wie Transmission Control Protocol/Internet Protocol (TCP/IP), Dynamic Host Configuration Protocol (DHCP), User Datagram Protocol (UDP) bzw. Global System for Mobile Communications (GSM) Anwendung. Die Agenten als Kommunikationsteilnehmer dieser Ebene stellen selbst Anforderungen, zu welchem Zeitpunkt Informationen durch das Netzwerk bzw. die Cloud bereitgestellt werden müssen. Die definierten Botschaften enthalten Rückantworten über die erfolgreiche Nachrichtenübermittlung bzw. die Interpretation des Agenten. Können Informationen nicht rechtzeitig bereitgestellt werden, existiert eine Rückfallebene, welche basierend auf einer Standard- Betriebsstrategie die Anlagenfunktionalität aufrecht erhält. Die über die Ebenen zunehmende Intelligenz der Kommunikationsteilnehmer sorgt demnach für die Fähigkeit zur Fehlerbehandlung und Einsatzmöglichkeit universeller Protokolle, welche Informationen im Regelfall sogar bei Verwendung des Internets als Transportmedium innerhalb eines Sekundenbereiches bereitstellen, jedoch durch den architekturbedingt fehlenden Determinismus keine Garantie für eine feste Zykluszeit aufweisen.

5   Evaluation des Agentennetzes zur Roboterkooperation

Die Evaluation des Ansatzes zur agentenbasierten Kollaboration konnte im Rahmen eines Demonstrators auf der Automatica 2014 im industriellen Umfeld durchgeführt werden. Das Ziel, die Vernetzung heterogener Produktionsanlagen und Roboter in einem Netzwerk zur gemeinsamen kundenindividuellen Produktion zeigte, dass auch bestehende Systeme durch das Agentenframework zur Erhöhung der Effizienz und Aggregation verschiedener Kernkompetenzen verknüpft werden können. Das Framework „Robot Integrated Agent Network" (RI-AN) baut auf der Referenzarchitektur des MyJoghurt-Demonstrators auf und zeigt die Allgemeingültigkeit sowie Erweiterbarkeit des Ansatzes.

Gemeinsame Produktion mit RIAN Der Demonstrator „Robot Integrated Agent Network" (Abbildung 2) zeigte die Produktionslinie eines individualisierten Flaschenöffners, bestehend aus Lager, Simulation Laserschneiden, Spritzgießen, Lasergravieren, Verpacken und Kundenübergabe. Die örtliche Verteilung von Produktionsstationen ist üblicherweise bei einer Vielzahl verschiedener Wertschöpfungsketten gegeben. Für den Demonstrator von dem Framework RIAN konnte dieser Aspekt durch die gegebene Verteilung der Produktionsflächen der partizipierenden Unternehmen auf der Automatica nachgestellt werden. Eine Verkettung der Standorte stellten autonome sowie operatorgeführte mobile Transportroboter her. Die Nutzer konnten über eine Bestell-Website den Flaschenöffner mit einem Merkmal, dem frei definierbaren Schriftzug, individualisieren und eine Lieferzeit in Abhängigkeit der vorliegenden Produktionsauslastung wählen. Die intelligente Verkettung dieser Produktionsanlagen zur kollaborativen Fertigung eines gemeinsamen Werkstückes der Losgröße eins, sowie direkte web- bzw. app-basierte Schnittstellen zwischen Mensch und Maschine repräsentierten die Aspekte der Fertigung im Rahmen der vierten industriellen Revolution. Der Koordinationsagent wies den Transportrobotern initial Aufträge aus dem Lager zu und knüpfte die Information über die auszuführenden Prozessschritte sowie die entsprechenden Merkmale logisch an die Werkstücke. Ausgehend vom Lager beförderten die Transportroboter die Werkstücke zu der jeweils nächsten Station im Produktionsprozess. Zwischen mobilen Transportrobotern und Anlagen existierte eine Hardwareschnittstelle, welche die genaue Positionierung der Werkstücke in der Anlage bzw. deren Detektion durch Visionsysteme sicherstellte. Über das Agentennetzwerk kommunizierten Transportroboter und Anlagen, um die nötigen Bearbeitungsschritte sowie Freigaben zur Manipulation auszutauschen. Der aktuelle Produktionsfortschritt war sowohl für den Auftraggeber als auch für das Wartungs- und Betriebspersonal auf Basis der aggregierten Meldungen der einzelnen Entitäten verfolgbar. Nach dem Durchlauf aller Bearbeitungsschritte erfolgte die Übergabe an den Kunden mittels einer Mensch-Roboter-Kollaboration.

Steuerungsarchitekturen Eine Hauptanforderung des Agentennetzwerkes im Kontext von Industrie 4.0 ist Verknüpfung heterogener Steuerungen, um die proprietären Steuerungen mit ggf. proprietären Betriebssystemen der verschiedenen Roboteranbieter über die Industrie 4.0 Plattform kooperieren zu lassen (z.B.: Raspberry Pi (Raspbian-Linux), Reis Roboter Controller (VX-Works), Fanuc Roboter Controller (FANUC-OS)). Dabei ist sowohl die Implementierung auf der proprietären Steuerung als auch auf externen Rechnern möglich, welche vom Hersteller definierte Schnittstellen zum Datenaustausch der Agenten mit den Steuerungen auf der Feldebene nutzen. Somit kann der Aufwand für Änderungen an der Software auf den proprietären Steuerungen minimiert werden. Die Repräsentation sowie der Eingriff in die Steuerungssoftware erfolgt abhängig von der herstellerspezifischen Schnittstelle durch den Aufruf von Funktionen, die Änderung von Parametern oder Variablen zur Laufzeit. Der Agent ruft Statusinformationen über die Steuerungen, den Zustand der Anlage sowie den Bearbeitungsfortschritt ab und legt auf Basis dieser Informationen die Strategie für

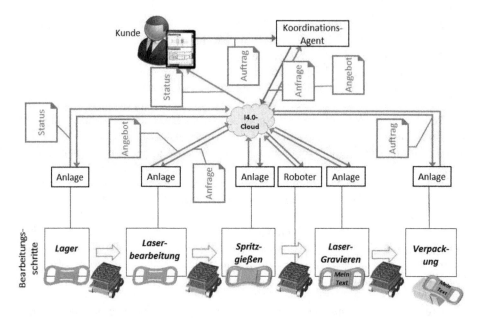

Abb. 2. Übersicht des implementierten Multiagentensystems auf der Messe

eine Produktionseinheit fest. Während der Agent umfangreiches Wissen über die Prozessdaten besitzt, existiert eine Kapselung zu den im Netzwerk bereitgestellten Informationen. Über LAN, W-LAN bzw. mobile Datenverbindungen werden die aktuelle Produktionszeit sowie der Preis einer Leistung für alle teilnehmenden Agenten bereitgestellt. Das Produktions-Knowhow sowie Maschinen- und Prozessdaten bleiben durch Repräsentation und Kapselung der Maschinensoftware und -daten eines Agenten unangetastet. Über das Netzwerk sind z.B. der aktuelle Produktionsfortschritt und ein Liefertermin abrufbar, zudem können nutzerspezifisch konfigurierte Aufträge durch internetfähige Endgeräte an das Agentensystem übergeben werden.

Integration von Smart Devices Ein weiterer Aspekt von Industrie 4.0 ist die Integration von sogenannten Smart Devices in das Produktionsumfeld. Die aus dem Multimedia-Bereich bekannten Geräte wie Tablets, Smartphones und Smart-TVs bieten umfangreiche Optionen für die Steuerung und Visualisierung über webbasierte Funktionen. Im Sektor der Industrie unterstützt der Transfer dieser Technologie Maintenance- und Analytics-Funktionen für Anlagen bzw. den Status des Agentennetzwerks. Im Rahmen des Messedemonstrators RIAN wurde eine App entwickelt, welche die Steuerung der verschiedenen Anlagen und Transportroboter durch eine einheitliche Bedienoberfläche auf einem Tablet ermöglichte. Zwei Modi trennen die Sichtweisen für Bediener und Wartungs- bzw. Inbetriebnahmepersonal. Die Bedienersicht zeigt dem Operator die im Produktionsprozess folgenden Aktionen an und kommuniziert über textuelle Nachrichten. Eine Wartungssicht ermöglicht die Aufnahme und Zuordnung von Produktions-

bzw. Transportmitteln in das Agentennetzwerk. Im Gegensatz zu der App für an der Produktion beteiligtes Personal ist die Verfolgung von Aufträgen und Statusmeldungen über den Auftragsfortschritt plattformunabhängig für Kunden sowie Disponenten erforderlich. Der Zugang für das Monitoring des Demonstrators RIAN dieser Funktionen steht über Webdienste basierend auf HTML 5 zur Verfügung. Die Implementierung wurde im Kunden-Agent vorgenommen.

6   Zusammenfassung

Der Beitrag beschreibt die Umsetzung verschiedener Aspekte von Industrie 4.0 sowie deren Anforderungen an die Echtzeit auf Basis eines Multiagentensystems. Im Fokus steht die Verkettung von Robotern und Produktionsanlagen zur Optimierung der Produktion, die Migrationsmöglichkeit für bestehende Anlagen sowie die Einbindung des Menschen durch Smart-Devices aus dem Multimedia-Bereich. Die Grundlage bildet die anhand des MyJoghurt-Demonstrators entwickelte Referenzarchitektur.

Die Integration und Evaluation im industriellen Umfeld wurde anhand des Demonstrators auf der Messe Automatica vorgestellt. Der Demonstrator weist die Fähigkeit des Agentenansatzes zur Vernetzung von Produktionsanlagen verschiedener Produzenten, Steuerungen und Hardwareschnittstellen nach. Auf diese Weise ist es möglich, den gesamten Produktionsprozess zu steuern und nutzerspezifische Aufträge variierender Priorität zu managen. Die Begrenzung zeitlicher Latenzen innerhalb einer Produktionsanlage ist durch klassische Methoden der Datenübertragung bzw. Vernetzung (z.B. direkte Verdrahtung, Profinet) sichergestellt, während die rechtzeitige Verarbeitung von komplexeren Nachrichten durch die höhere Intelligenz von Sender und Empfänger gewährleistet wird. Das Verhalten des Agentennetzwerkes im Betrieb realer Produktionsanlagen erweist sich durch vorhandene Schnittstellen der Steuerungen verschiedenster Hersteller als leicht implementierbar. Die Ausführung des Codes in C ermöglicht es Steuerungsentwicklern den Agenten plattformunabhängig zu kompilieren und eine proprietäre Ausführung zur Anbindung an das Netzwerk auszuführen. Grundlage ist die echtzeitfähige Ausführung der Agenten, nachgewiesen durch Wannagat et al. [15] anhand von Implementierungen auf IEC 61131-Steuerungen. Die werkzeugunterstützte modellbasierte Beschreibung inklusive der Abbildungsregeln in SysML nach Schütz et al. [18] baut auf diesen Erkenntnissen auf und bildet die Basis für den Ansatz von Legat et al. [17] zur Rekonfiguration der IEC-Software in Folge von Änderungen im Produktionsprozess zur Laufzeit. Die Ausstellung auf der Messe bestätigte zudem den einfacheren Zugang von Besuchern im Umgang und Bedienung von Automatisierungsanlagen und Robotern auf dem neuesten Stand der Technik durch Smart Devices und entsprechende Apps. Sowohl an der Implementierung beteiligte als auch externe Experten und Fachbesucher begrüßen die reale Implementierung des Demonstrators RIAN als eine der wenigen Möglichkeiten, Industrie 4.0 live zu erleben.

Literaturverzeichnis

1. R. Y. Zhong et al., "RFID-enabled real-time manufacturing execution system for mass-customization production", *Robotics and Computer-Integrated Manufacturing*, vol. 29, no. 2, pp. 283–292, 2013.
2. C. Lee et al., "PDM and ERP integration methodology using digital manufacturing to support global manufacturing", *The International Journal of Advanced Manufacturing Technology*, vol. 53, no. 1–4, pp. 399–409, 2011.
3. I. R. Lerch, "Meßdatenerfassung im Feld", in *Elektrische Messtechnik*. Springer, 2010, pp. 539–588.
4. T. Wagner, "An Agent-Oriented Approach to Industrial Automation Systems", in *Agent Technologies Infrastructures Tools and Applications for E-Services*. Springer, 2003, vol. 2592, pp. 314–328.
5. W. Shen et al., "Applications of agent-based systems in intelligent manufacturing: An updated review", *Advanced Engineering Informatics*, vol. 20, pp. 415–431, 2006.
6. P. Leitão, P. Vrba, "Recent Developments and Future Trends of Industrial Agents", in: *Holonic and Multi-Agent Systems for Manufacturing – 5th Intl. Conf. on Industrial Applications of Holonic and Multi-Agent Systems, Toulouse*, 2011.
7. P. Göhner, *Agentensysteme in der Automatisierungstechnik*. Xpert.press, 2013.
8. M. Bussmann et al., *Multiagent Systems for Manufacturing Control: A Design Methodology*. Springer Series on Agent Technology, 2004.
9. P. Leitão, N. Rodrigues, "Multi-Agent System for On-demand Production Integrating Production and Quality Control", *Holonic and Multi-Agent Systems for Manufacturing*, vol. 6867, pp. 84–93, 2011.
10. A. Colombo et al., "A collaborative automation approach to distributed production systems", *2nd IEEE International Conference on Industrial Informatics*, 2004.
11. A. Lüder et al., "Distributed intelligence for plant automation based on multi-agent systems: the pabadis approach", pp. 201–212, 2004.
12. U. Epple, "Agentenmodelle in der Anlagenautomation", in: *Agentensysteme in der Automatisierungstechnik*. Springer, 2013, pp. 95–110.
13. F. Mayer et al., "Deutschlandweiter I4.0-Demonstrator", 2013. http://mediatum.ub.tum.de/?id=1178726
14. D. Pantförder et al., "Agentenbasierte dynamische Rekonfiguration von vernetzten intelligenten Produktionsanlagen – Evolution statt Revolution", in: *Industrie 4.0 in Produktion, Automatisierung und Logistik*, Springer, 2014, pp. 145–158.
15. A. Wannagat, B. Vogel-Heuser, "Agent-oriented software development for networked embedded systems with real-time and dependability requirements the domain of automation." in: *17th IFAC World Congress*, 2008, pp. 4144–4149.
16. D. Schütz, B. Vogel-Heuser, *Werkzeugunterstützung der Entwicklung SPS-basierter Softwareagenten zur Erhöhung der Verfügbarkeit*. Springer, 2013, pp. 291–302.
17. C. Legat, B. Vogel-Heuser, "A Multi-Agent Architecture for Compensating Unforeseen Failures on Field Control Level", in: *3rd Intl. Workshop on Service Orientation in Holonic and Multi Agent Manufacturing and Robotics*, Frankreich, 2013.
18. D. Schütz, C. Legat, B. Vogel-Heuser, "On Modelling the State-Space of Manufacturing Systems using UML", in: *14th IFAC Symposium on Information Control Problems in Manufacturing*, Bucharest, 2012.
19. R. Lauber, P. Göhner, *Prozeßautomatisierung 1*. Springer, 1999.
20. J. Jasperneite, "Echtzeit-Ethernet im Überblick", *atp*, vol. 3, 2005.

Verwendungsfähigkeit von Android-CE-Geräten für Car2X-Anwendungen am Beispiel einer Geschwindigkeitsregelung

Dominik Hotter und Dieter Nazareth

Fakultät für Informatik,
Hochschule für angewandte Wissenschaften Landshut
hotter.dominik@googlemail.com

Zusammenfassung. Die Einbindung drahtloser CE-Geräte im Kfz hat in den letzten Jahren zugenommen, da sie als Schlüsselkompetenz für zukünftige Infotainmentsysteme im Automobil durch ihre weite Verbreitung und die erhöhte Nachfrage der Kunden identifiziert wurde. Diese Arbeit nimmt sich die vorherrschende Diskrepanz zwischen dem Infotainmentangebot der Automobilindustrie und den Wünschen der Kunden nach Flexibilität, Appvielfalt und geringen Kosten, die sie jedoch aus dem CE-Bereich gewöhnt sind, zur Motivation. In dieser Ausarbeitung geht es um die Demonstration der vollständigen, drahtlosen Integration eines Android CE-Gerätes ohne interne Head-Unit im Kfz. Genauer ist es das Ziel, durch eine Geschwindigkeitsregelanwendung auf einem Android Tablet das Echtzeitverhalten von Android und einer drahtlosen Übertragung zu untersuchen und so neue Verwendungsmöglichkeiten in Bezug auf das Automobil zu finden.

1 Einleitung

Laut der Mobile Marketing Association nutzen bereits 2013 19,6 Millionen Menschen in Deutschland Android und 7,3 Millionen das Apple iOS als Smartphone Betriebssystem. Laut eMarketer gibt es zu dem 2013 bereits 13,4 Millionen Tablet-Nutzer. Nicht nur die beachtliche Anzahl an Nutzern, sondern auch die Katalysatorwirkung für die umfassende Vernetzung ungenutzter Gegenstände wie Smartwatches von Pebble, Google Glass und weiterer sog. „wearable Devices" wirkt sich auf potentielle Autokäufer aus. Dabei spielt der stetige Wunsch des Kunden, mittels seines Smartphones oder Tablets mit dem Auto und während der Fahrt vernetzt zu bleiben, eine wichtige Rolle.

Berylls Strategy Advisors stellt in einer Pressemitteilung tiefgreifender fest, dass das Verlangen nach Online-Diensten und Vernetzung im Automobil mittlerweile wichtige Autokaufkriterien der Kunden geworden sind und sich eine Mehrwertsteigerung für diese Dienste im Automobil abzeichnet. Jedoch ist die Automobilindustrie dem Einfluss auf die potentielle Kundenschicht gegenüber den großen CE (Consumer Electronics) Firmen wie Google und Apple nicht gewachsen. Es heißt, die Lösungen der Automobilhersteller erscheinen für den

Kunden wenig attraktiv, da zu wenige Anwendungen über das Smartphone integriert oder über die proprietäre Infotainmentplattform heruntergeladen werden können. Es fehlt ein nachhaltiges und dabei flexibles Konzept. Auch die Preise für die Integration solcher Anwendungen bzw. der mobilen Endgeräte ist eine deutliche Akzeptanzhürde.

Die Automobilindustrie steckt hier in einem Dilemma. Auf der einen Seite muss sie sich der Offenheit, Flexibilität und Vielfalt der Software aus dem CE Bereich stellen, die der Kunde mittlerweile gewohnt ist zu nutzen – und das noch zu einem deutlich niedrigeren Preis. Auf der anderen Seite läuft sie Gefahr, Fahrzeug- und Kundendaten preiszugeben und ganze Kernkompetenzen ohne Mehrwert abzutreten, wenn Kunden eher ihr brandaktuelles Smartphone in die Windschutzscheibe hängen als sich auf eine an den Entwicklungs- und Lebenszyklus des Fahrzeugs gekoppelte Integrationslösung verlassen.

Zusammenfassend ist es auf Basis der aktuellen Verbreitung, der steigenden Beliebtheit und Leistungszunahme der CE-Geräte notwendig, auf diesem Gebiet fortzuschreiten. Es ist wichtig, weitere Überlegungen für die Verwendung von Android-Geräten im Automobil zu treffen, da das derzeitige Angebot der Automobilindustrie nicht ausreicht, um den Kundenwünschen in Bezug auf Flexibilität, Aktualität, Preis/Leistung und Umfang, wie sie von Firmen wie Google oder Apple befriedigt werden, gerecht zu werden. Es ist also eine Antwort auf die Frage, welche Kompetenzfelder der OEM (Original Equipment Manufacturer) auf dem Gebiet des Infotainments an CE-Firmen abgeben oder auch weiter ausbauen soll, gefordert.

2   Zielsetzung und Vorgehen

Die Arbeit hat das Ziel an Hand einer Echtzeitanwendung aus dem Automobilbereich mögliche Antworten auf die Frage, wie weit Android-CE-Geräte im Fahrzeug zusätzlich verwendbar sein können, zu geben. Dies lässt ferner Rückschlüsse zu, ob und in wie weit andere Kompetenzfelder der Automobilindustrie wie beispielsweise Fahrerassistenzsysteme Anwendung auf diesem Medium finden können und wie bereits durch CarToX entstandene, zentrale Schnittstellen und Protokolle genutzt werden können.

Die Aufgabe der Anwendung und Interaktion soll dazu ein Tablet mit dem am verbreitesten CE-Betriebssystem, dem Androidbetriebssystem, übernehmen. Dazu wird die Head-Unit nicht mehr als im Fahrzeug verbaut betrachtet. Um ein Maximum an Flexibilität zu bieten, soll eine drahtlose Anbindung angestrebt werden. Dabei soll ein Übertragungsprotokoll gewählt werden, dass den kommenden Veränderungen des Fahrzeugbusses gewachsen ist. Weiterhin sollen Kommunikationsabbrüche als auch ungewollte Sendungen von Nachrichten vermieden werden, um Messergebnisse nicht zu verfälschen. Dennoch sollen darüber hinaus die dadurch umgangenen oder hervorgerufenen Probleme dieser Art identifiziert und benannt werden.

Da möglichst weitreichende Erkenntnisse über Machbarkeit, Performanz und Probleme des Systems gewonnen werden sollen, setzt der Autor prototypenhaft eine Geschwindigkeitsregelaufgabe mit einem PID-Regler durch eine Androidapp um. Regelungen haben je nach Anwendung hohe bis sehr hohe Anforderungen an die Hardware und fordern weiche und harte Echtzeitbedingung. Sie zeigen daher effektiv die Bottlenecks der Kommunikation und die Grenzen der eingesetzten Hardware auf.

Dazu soll die benötigte Fahrzeugumgebung und ein Gateway, dass die Kommunikation zwischen Fahrzeug und Tablet herstellt, simuliert werden. Weiterhin soll auch ein Abbild der App ebenfalls simuliert werden, um später einen Vergleich mit der Regelung auf dem reellen Tablet ziehen zu können. Für die Verwendungsfähigkeit wird in dieser Arbeit nicht auf die Hardwareeigenschaften, die ein Bauteil im Automotive Umfeld erfüllen muss, eingegangen. Weiterhin ist es auch nicht Gegenstand der Arbeit, eine Lösung für Montage sowie Lademöglichkeiten im Fahrzeug zu geben. Die App wird für ein einziges Endgerät angepasst. Die Demonstration ist demnach nicht 1:1 in ein Fahrzeug bzw. den Kundenmarkt übertragbar. Sie dient jedoch einem höheren Erkenntnisgewinn.

3   Umsetzung der Simulation

Der Simulationsaufbau besteht grundsätzlich aus zwei unterschiedlichen Netzwerken und einem Gateway, das beide verbindet. Es gibt hierzu einmal das vereinfachte Abbild eines CAN-Netzwerks im Fahrzeug, das die wesentlichen Fahrzeugsimulationsknoten beinhaltet. Dies ist zum einen der in CAPL implementierte „Engine"-Knoten, der ein vereinfachtes Fahrzeugmodell abbildet, in dem zyklisch Fahrwiderstände und die Geschwindigkeit in Abhängigkeit von Gas, Bremse, Steigung etc. berechnet werden. Zum anderen existiert das sog. „Control-Interface", das die Schnittstelle zum Fahrer darstellt. Es beinhaltet eine Darstellung des Kombiinstruments und die wesentlichen Stellgrößen, auf die der Fahrer in der Realität Einfluss nehmen kann. Das zweite Netzwerk ist das Ethernet-Netzwerk. Über dieses wird dann jeweils das simulierte als auch das reelle Tablet eingehängt. Der simulierte Tablet-Knoten ist auf Grund des fehlenden Übertragungsmediums latenzfrei und erlaubt somit die Detektion des Einflusses der drahtlosen Kommunikation im Vergleich zum reellen Tablet.

In Abb. 1 wird das Schema des Simulationsaufbaus in Bezug auf die Kommunikation und Netzwerktopologie dargestellt. Die Netzwerkteilnehmer sind als hellgraue Kästen und das Gateway als dunkelgrauer Kasten symbolisiert. Weiterhin sind Nachrichten und ihre Übertragungswege als schwarze Pfeile dargestellt. Die Umgebungsvariablen, die ebenfalls zur Kommunikation dienen, sind unter einem Pfeil zwischen diesen zusammengefasst.

3.1   Das Gateway

Das Gateway verbindet beide Netzwerke miteinander und muss den effizienten und robusten Nachrichtenaustausch sicherstellen. Es ist somit neben den Kommunikationsprotokollen selbst ein weiteres potentielles Verzögerungsglied und sog. „Bottleneck" (vgl. Abb. 1).

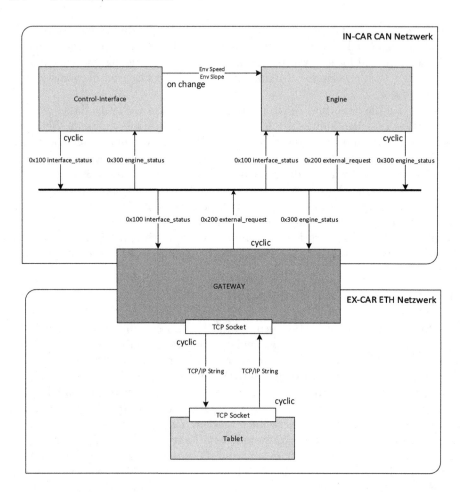

Abb. 1. Simulationsaufbau

Die Kommunikation mit dem CAN-Netzwerk läuft asynchron und zyklisch im 10 ms Takt. Die über CAN ankommenden Nachrichten „interface_status" und „engine_status" beinhalten die wichtigen Daten, die in das Ethernet Netzwerk/WLAN zu transportieren sind. Der Status der Bremse, des Gaspedals, des Motors und die Geschwindigkeit werden in internen Variablen des CAPL-Knoten zwischengespeichert, nachdem deren Zugreifbarkeit geprüft wurde. Zyklisch wird die Nachricht „external_request" ebenfalls im 10 ms Takt versendet. Sie trägt so die Statusinformation der Cruise-Control, das angeforderten Drehmoment und Fehler möglichst früh in das CAN-Netzwerk.

Der Datenaustausch mit dem Ethernetnetzwerk geschieht über TCP/IP. Dieses Protokoll wurde gewählt, da es die vollständige Übertragung der Nachrichten sicherstellt. Dazu wird vom Gateway als Server ein Socket bereitgestellt. Der

Server akzeptiert das Tablet als Client und beginnt die zyklische Versendung im 100 ms Takt von einem String mit allen relevanten Informationen. Dies führt am Tablet zu einem synchronen Aufruf. Die Kommunikation im Ethernet-Netzwerk läuft somit synchron ab. Je nach Netzauslastung und Rechenleistung des Tablets wird erst nach Ankunft des Strings die Rückantwort mit aktuellem Reglerstatus und angefordertem Drehmoment versendet. Dem Tablet stehen somit bis zum nächsten Empfang einer Gateway-Nachricht für die Übertragung und Berechnung der Antwortdaten 100 ms zur Verfügung. Gleichzeitig ist damit auch die Deadline definiert. Die zyklische SendingTime des Gateways wird nach den ersten Messungen angepasst.

3.2 Tabletsimulation mit der Geschwindigkeitsregelfunktion

Dieser CAPL Knoten soll das Verhalten des später angebundenen Tablets simulieren. Dazu öffnet er auf Wunsch einen TCP/IP Socket und verbindet sich mit dem Gateway. Sobald vom Gateway ein String am Tablet empfangen wird, wird dieser geparst und die internen Variablen werden upgedatet. Danach folgt der Aufruf der MangeCruiseControl Methode, die den Status der Regelung in Abhängigkeit der Daten aus dem String (Bremse, Gas etc.) steuert und überwacht. Sie veranlasst je nach Status der Parameter, den Start, Stopp oder die Fortsetzung und Pausierung des Geschwindigkeitsreglers. Die Logik ist aus dem Alltag bekannt und wird nicht weiter erläutert. Der Regler selbst ist ein PID-Regler. Er befindet sich in einem für CANoe[1] üblichen Timerkonstrukt und wird zyklisch mit dem Wert kSystemClock aufgerufen. Für kSystemClock wurde vorerst ein Wert von 100 ms gewählt (TriggerTime). Dieser wird ebenfalls nach den ersten realen Messungen angepasst.

4 Umsetzung der Android App

Die Funktionsweise der App ist identisch mit der in der Simulation. Gemäß Zielsetzung wurde die App prototypenhaft für ein Gerät (HP Touchpad) und nur für die horizontale Ansicht umgesetzt (vgl. Abb. 2). Des Weiteren wurde angenommen, dass diese App immer im Vordergrund läuft und damit die höchste Prozesspriorität hat. Die Nichtunterbrechbarkeit ist die Voraussetzung für den Erkenntnisgewinn im Echtzeitverhalten der App. Gemäß dem Android Developers Guide haben Prozesse und Threads, die im Vordergrund laufen und damit für den Nutzer sichtbar sind, die höchste Priorität. Somit ist ein stetiges Fortlaufen der App und ihrer Regelprozesse für diese Arbeit und ihren Erkenntnisgewinn definiert und garantiert.

4.1 Klassen- und Mutlithreadingkonzept

Grundsätzlich warnt der Developers Guide von Android davor, den UI-Thread mit synchronen Aufrufen zu blockieren. Er ist der Thread mit unmittelbarer

---

[1] Vector Informatik GmbH, CANoe.IP, http://vector.com/vi_canoe_ip_de. html

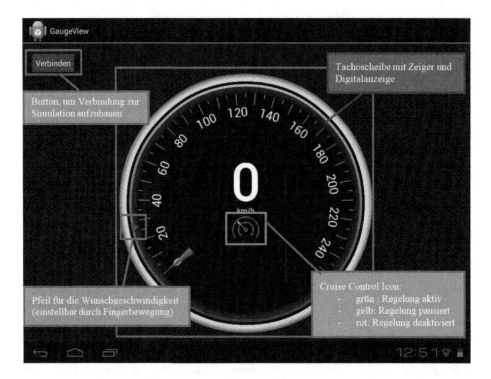

Abb. 2. Aufbau der App

Schnittstelle zu den Userinterfacefunktionen und beherrscht allein den Zugriff auf diese und weitere darstellende Funktionen. Alle anderen Tätigkeiten der eigentlichen App müssen in einem „Worker-Thread" ausgelagert werden. Dies macht eine Interprozesskommunikation notwendig. In dieser Arbeit wurde dazu der Mechanismus des Async-Taskes zu diesem Datenaustausch verwendet.

Ähnlich wie in CANoe wird der Regler in der Simulationsimplementierung in einem eigenen Thread innerhalb des „Worker-Thread" je nach Zustand der Cruise-Control zyklisch aufgerufen.

5 Integration und Test

Entscheidend für den Test sind neben der Auslegung des Reglers auch diverse Zeitnachweise zur Aussage des Echtzeitverhaltens. Es muss dazu für den Regler die entscheidende Totzeit und ihre Schwankung – damit gleichzeitig auch die Signallaufzeit über die Kommunikationswege – gemessen werden.

5.1 Messaufbau „Tablet in the Loop"

TiL („Tablet in the Loop") bedeutet die Integration einer reell existierenden Hardware – hier das Tablet – in eine Simulationsumgebung. Dabei wird die Erfüllung der Anforderungen überprüft und die Funktionsweise analysiert. Die Messung wird millisekundengenau ermittelt. Der Aufbau sieht vor, dass das Tablet drahtlos an die Simulation angebunden wird. Es unterstützt allerdings keine Ad-Hoc Verbindung. Somit ist ein WLAN-Access-Point nötig, der Tablet und Notebook via 802.11g WLAN-Standard miteinander drahtlos kommunizieren lässt. Das Notebook ist via Ethernet an dem Wireless-Access-Point angebunden.

Die Nachrichten von TCP/IP selbst verfügen über keinen Zeitstempel und ein Vergleich zwischen Versandzeitpunkt am Gateway und Empfangszeit am Tablet bzw. in der anderen Richtung würde eine Zeitsynchronisation vorrausetzen. Als Lösung wurde für die Messung der Signallaufzeit am Gateway die Zeit vom Versand der Nachricht bis zum Erhalt der Antwort des Tablets gestoppt (Δt_G). Es wird angenommen, dass die Verarbeitungszeiten des Gateways und Tablets im Nanosekundenbereich liegen und daher vernachlässigbar sind.

5.2   Ergebnisse und Bewertung

Bei der „Tablet in the Loop" Messung kam es zu der in Abb. 3 dargestellten Messwerte. Als maximale Laufzeit wurde in den 90 Sekunden ein Wert von 20 ms gemessen. Der minimale Wert lag bei 1 ms. Im Durchschnitt wurde für $\Delta t_G \approx$ 5,4 ms erzielt.

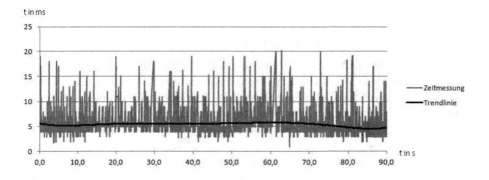

Abb. 3. Zeitmessung TiL

Das Kriterium der harten Echtzeit ist auf Grund der deutlichen Schwankungen nicht erfüllt. Es kann allerdings für die Regelanwendung mit Erfüllung eines weichen Echtzeitkriteriums gerechnet werden. Der Aufrufzyklus der Reglerfunktion wurde daraufhin auf die maximale Laufzeit von 100 ms auf 20 ms optimiert. Ebenso wurde auch die SendingTime des Gateways auf 20 ms gesetzt. Sowohl der Regler des Tablets als auch der implementierte Regler im CAPL-Simulationsknoten wurden identisch parametriert. Die Parameter K_{PR}, K_I und K_D wurden empirisch ermittelt. Es wurde dann jeweils das Regelverhalten der Offline Simulation mit simulierten Tablet-Knoten (ocker) und bei TiL (rot) mit realen Tablet gemessen. Im Folgenden wurde zu identischen Zeitpunkten beim Sollwert von 80 Km/h gemessen (vgl. Abb. 4).

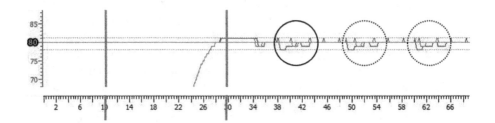

Abb. 4. Messung Sollwert 80 Km/h im Vergleich Simulation/TiL

6 Fazit

Insgesamt betrachtet weisen die TiL- und Offline-Simulation ein akzeptables Regelergebnis auf. Beide Sollwerte werden identisch zügig angeregelt. Ebenfalls werden Störgrößen akzeptabel ausgeregelt. Die Toleranzbereiche von +/- 1 Km/h sind für diese Anwendung akzeptabel. Als problematisch ist das zyklische Abfallen (vgl. Abb. 4 schwarze Kreise) um 2 Km/h in der TiL-Simulation.

6.1 Herausforderungen und Risiken

Die größten Risikofaktoren lassen sich im Android Betriebssystem des Tablets finden. Es gewährleistet nur Prozessununterbrechbarkeit und Prozessaufrufgenauigkeit von 1 ms unter ganz bestimmten Bedingungen, die in der Kundennutzung wenig Akzeptanz finden werden. Eine Interaktion durch den Nutzer oder ein auftretendes Telefonat beispielsweise darf den Regelprozess nicht beeinflussen oder beenden. Der Regelprozess ist unter Umständen niederprior und wird dann nicht mehr genau in dem vorgegeben Zyklus aufgerufen oder sogar beendet. Das voreingestellte Δt weicht dann von der real verstrichenen Zeit zum vorherigen Aufruf ab. Die Herausforderung besteht nun darin, Teile des Betriebssystems so anzupassen, dass das Scheduling der Prozesse und Ressourcennutzung auch unter Nutzung von mehreren Kernen möglich und vorhersagbar wird.

Neben der Einschätzung des Android Betriebssystems wird auch die Anfälligkeit des drahtlosen Mediums genauer betrachtet. Schon in Kapitel 5.2 konnten geringfügige Latenzschwankungen festgestellt werden. Es kann jedoch nicht ausgeschlossen werden, dass die Latenz weiter zunimmt. Umwelteinflüsse, Störungen oder ausgelastete Hardware können zu einer Erhöhung der Signallaufzeit führen, so dass der Regler nicht mehr rechtzeitig mit aktuellen Eingangsdaten versorgt ist. Eine deutlichen Regelabweichung ist die Folge. Neben Latenzschwankungen birgt die drahtlose Datenübertragung weiterreichender das Risiko eines plötzlichen, beidseitigen oder einseitigen Kommunikationsabbruchs. Hier besteht die

Herausforderung, eine robuste Detektion eines Ausfalls bzw. Latenzanstiegs an beiden Enden durchzuführen, dies der Gegenseite mitzuteilen und die Regelung unter Einbezug des Fahrers zu beenden. Ferner birgt für Anwendungen mit noch sensibleren Regelsystemen das Multithreading und die Interprozesskommunikation ohne Synchronisation am Tablet zwischen Regel- und dem Kommunikationsprozess die Gefahr des Auseinanderdriftens bzw. die Tatsache eines nicht realitätsnahen Δt des Reglers.

Eine weitere Herausforderung birgt auch das Übertragungsprotokoll selbst. TCP/IP gewährleistet zwar eine vollständige und reihenfolgenkorrekte Übertragung des Strings, muss aber dazu erst eine Verbindung zwischen zwei Kommunikationspartnern aufbauen. Diese Mechanismen produzieren mehr Overhead als beispielsweise UDP hat. Ein Konsens aus Effizienz und Zuverlässigkeit bei dem Übertragungsprotokoll ist dabei notwendig. Weiterhin ist eine einfache Integration in bereits bestehende Ethernet-Busstrukturen in Abhängigkeit der Entwicklung der zentralen Schnittstelle in Bezug auf CarToX durch Nutzung eines geeigneten Protokolls wünschenswert.

Zuletzt bestehen im Allgemeinen keine Datensicherheit und kein Manipulationsschutz vor Dritter. Vor allem bei drahtloser Kommunikation können versandte Datenpakete von Dritten ohne physischen Zugang zum Fahrzeug abgefangen und manipuliert werden. Hier ist es eine wichtige Herausforderung sowohl in Sachen Sicherheit als auch für den Datenschutz Lösungen zu finden.

6.2 Verbesserungsmöglichkeiten

Die wichtigste Verbesserung innerhalb der gegeben Möglichkeiten des Android Betriebssystems ist die Ersetzung des AsyncTask Konzepts durch einen Service. Der AsyncTask informiert stetig bei neuem Nachrichteneingang den UI-Thread. Des Weiteren existiert er mit der App, sodass bei Appabsturz keine Kommunikation über ihn zu dem laufenden Regelprozess wiederhergestellt werden kann. Der Service hingegen ist unabhängig von der App. Die App selbst fungiert nur noch als reine Interaktionsschnittstelle durch den Benutzer. Ein Abbruch der App wirkt sich so nur auf die darstellenden Funktionen aus. Zudem können in den Service zusätzliche Überwachungsfunktionen implementiert werden, um die Hardwareauslastung und Latenz zu überwachen. Eine wesentliche Verbesserung ist die direkte Anpassung des Schedulingkonzepts durch Einführung und Deklaration einer neuen Prozesskategorie beispielsweise für Regelprozesse, die unter keinen Umständen unterbrochen werden kann und immer die höchste Priorität haben sollten. Dieser Ansatz kann ohne tiefgreifende Anpassungen wesentlicher Bestandteile des Android Betriebssystems an dieser Stelle nicht weiter verfolgt werden.

Bei der drahtlosen Kommunikation wird man Umwelteinflüsse, hohe Latenzen und Störungen nicht vollständig ausschließen können. Ab einem gewissen Schwellenwert oder zu großem Drift von Kommunikation und Regelungsprozess sollte dann die Regelanwendung kontrolliert beendet werden. In der Arbeit wurde der Standard IEEE 802.11g verwendet. Ein Standard mit höherer Bandbreite wie IEEE 802.11n kann zudem die Übertragungszeiten vermindern. Weiterhin kann die Verringerung der Signallaufzeit durch eine Ad-Hoc Verbindung erreicht werden, sofern diese von dem Androidgerät unterstützt wird. Nichtsdestotrotz ist es wichtig einen plötzlichen Kommunikationsausfall zu vermeiden und entsprechend abzusichern. Das Verbesserungspotential des Übertragungsprotokolls liegt in der Wahl des solchen. SomeIP ist eine mögliche, richtige Wahl. Es beinhaltet die Konstrukte des performanteren UDP und TCP/IP und ermöglicht die Kommunikation zwischen Steuergeräte über Ethernet. Eine Umsetzung dieses Protokolls auf dem Android-CE-Gerät gewährleistet dann in der Zukunft eine zügige Integration in die Fahrzeugbusstruktur über ein, schon durch CarToX vorhandenes Gateway. Ebenfalls werden hier derzeit Methoden zur Absicherung und Performanzsteigerung entwickelt. Es wird hierbei ebenfalls dann das gemeinsame Ziel des Konsens aus Effizienz und Zuverlässigkeit verfolgt.

Der Schutz der übertragenen Daten vor Manipulation oder auch Diebstahl bedarf mehrerer Verbesserungen aus der IT-Sicherheit. Es soll sich kein Dritter mit dem Fahrzeug verbinden und Einfluss nehmen können. Daher muss sich das Tablet eindeutig beispielsweise über ein Zertifikat identifizieren können und mit dem Fahrzeug gekoppelt werden. Eine Verschlüsselung der Daten durch WPA2 und die Absicherung des Netzes durch den Zugriff Dritter durch VPN oder ähnliche Standards, sind zu diesem Thema wesentliche Verbesserungsansätze.

Literaturverzeichnis

1. ComScore, Anzahl der Smartphone-Nutzer in Deutschland nach genutztem Betriebssystem im März 2013 (in Millionen), zitiert nach de.statis.com, http://de.statista.com/statistik/daten/studie/176811/umfrage/ verbreitung-mobiler-endgeraete-nach-betriebssystem-in-deutschland, Abruf am 12.02.2014.
2. eMarketer, Anzahl der Tablet-Nutzer in Deutschland von 2010 bis 2012 und Prognose bis 2016 (in Millionen), zitiert nach de.statis.com, http://de.statista.com/statistik/daten/studie/256712/umfrage/ anzahl-der-tablet-nutzer-in-deutschland, Abruf am 12.02.2014
3. Berylls Strategy Advisors GmbH, Google erobert die Automobilindustrie. Dominanz bald auch im Auto?, http://www.berylls.com/de/home/news/140131_ google-erobert-automobilindustrie.php, Abruf am 16.02.2014.
4. Google Inc, Processes and Threads | Android Developers, http://developer. android.com/guide/components/processes-and-threads.html# Lifecycle, Abruf am 03.03.2014.
5. Gessler, R.; Krause, T. Wireless-Netzwerke für den Nahbereich. Eingebettete Funksysteme: Vergleich von standardisierten und proprietären Verfahren. Vieweg + Teubner, Wiesbaden, 2009.

Authentisierung und Autorisierung in Logistik und Gesundheitswesen

Roman Gumzej

Fakultät für Logistik, Universität Maribor
Mariborska cesta 7, 3000 Celje, Slowenien
roman.gumzej@um.si

Zusammenfassung. Der mit der Globalisierung verbundene Drang nach Verfügbarkeit von Daten und Diensten im Internet, aber auch die im Rahmen der Initiative Industrie 4.0 angestrebte Individualisierung und völlige Vernetzung industrieller Prozesse jeglicher Art stellen neue, erhöhte Sicherheitsanforderungen an Unternehmen entlang ganzer Lieferketten. Die Sicherheit betrifft aber nicht nur Waren und zugehörigen Daten, sondern auch Personen. Besonders anfällig sind diagnostische Daten und Akten, die im Verlauf medizinischer Untersuchungen und Behandlungen entstehen. In beiden Fällen können Verwechselungen und Missbrauch von Daten folgenschwere Konsequenzen haben. Da es völlige Sicherheit nicht geben kann, gilt es zu erreichen, dass alle Daten gesichert werden und alle an der Behandlung von Personen und Waren beteiligten Akteure vertrauenswürdig sind. Sicherheitstechnische und organisatorische Lösungen dieser Probleme und zum Nachweis der Vertrauenswürdigkeit der Akteure werden hier für die Bereiche Logistik und Gesundheitswesen vorgestellt, in denen der Status der Akteure auf Vertrauen zwischen Behandelnden und Behandelten bzw. zwischen Lieferanten und Abnehmern beruht, was gegenseitige Authentisierung und Autorisierung erfordert. Da in einen Prozess gewöhnlich mehrere Akteure einbezogen sind, müssen diese ihren Status zweifelsfrei nachweisen können, um effektiv zu arbeiten und um jedwede Unregelmäßigkeiten zu vermeiden.

1 Einleitung

Wegen des *Smart*-Hypes in vielen Gebieten und der Einführung neuer, informationstechnisch unterstützter Dienste beschäftigt man sich in letzter Zeit intensiv mit Datensicherheitsmaßnahmen im Transportwesen und im öffentlichem Bereich, denn durch Vernetzung und direkten Internetanschluss verschiedenster Datenquellen wurde die Datensicherheit schon häufig kompromittiert.

Besonders anfällig sind dabei sensible persönliche Daten, wie sie insbesondere im Zuge medizinischer Untersuchungen und Behandlungen anfallen und in medizinischen Akten festgehalten werden, auf die ihrerseits verschiedene Personen während der Patientenbehandlungen zugreifen und die von teilweise wieder anderen Personen verwaltet werden. Die Einführung elektronischer Patientenakten und die Vereinfachung des Datenzugriffs darauf hat natürlich Vorteile für die Patienten, deren Ärzte und die Krankenversicherungen. Auf der anderen Seite wird dadurch unberechtigten Zugriffen auf medizinische Befunde, Korrespondenz, Rezepte, Akten sowie Versicherungsdaten Tür und Tor geöffnet, denn diese Daten werden zum Teil unverschlüsselt zwischen Patienten, Ärzten, Krankenhäusern und Versicherern ausgetauscht.

In [6] wird berichtet, dass beim Umgang mit medizinischen Daten vor allem folgende Vorsichtsmaßnahmen angebracht sind:

1. Im Internet übertragene Daten sollten immer über sichere Informationskanäle ausgetauscht werden, z.b. SSL-verschlüsselt.
2. Auf die Daten soll nur mittels geeigneter Authentisierungsmechanismen (Kennworte, Biometrie) zugegriffen werden können.
3. Die eigenen Daten müssen von Patienten überprüfbar sein, um bei Nichtübereinstimmungen hinsichtlich erstellter Diagnosen, durchgeführter Behandlungen oder verschriebener Medikamente zur Abwendung schädlicher Folgen wie Falschmedikation oder Erhöhung von Versicherungsprämien Widerspruch erheben und Korrekturen veranlassen zu können.
4. Die Identifikationsdaten von Patienten, wie z.b. Krankenversicherungsnummern, aber auch des medizinischen Personals müssen vor Missbrauch geeignet geschützt werden.

Im Jemen und in Griechenland versendete Paketbomben haben 2010 eine öffentliche Diskussion über die Sicherheit von Luftfracht und anderer Pakettransporte ausgelöst. Seit Jahren beschäftigen sich die Behörden der Europäischen Union und der USA damit, Personen- und Warentransporte vor allem aus Übersee und aus Drittstaaten effektiv zu sichern. Eine Recherche der Bundesvereinigung Logistik über diesem Zweck angemessene Sicherheitsmaßnahmen ergab folgende Schlussfolgerungen [1]:

1. Die Gesetzgeber in Europa und den USA haben seit 2001 umsichtige Vorkehrungen zur Erhöhung der Sicherheit im Passagier- und Frachtbereich getroffen.
2. Die Verlässlichkeit der Ausführung dieser Bestimmungen zur Gewährleistung „sicherer Lieferketten" hängt entscheidend von der Qualifikation und Überwachung des verantwortlichen Personals ab.
3. Die an den Sicherheitsprozessen Beteiligten, bspw. Luftfahrtunternehmen als Letztverantwortliche, Flughäfen, reglementierte Beauftragte, das Luftfahrtbundesamt sowie ggf. die Bundespolizei und andere, sind derzeit noch nicht hinreichend vernetzt. Hier gibt es Handlungsbedarf bei allen Beteiligten.
4. Die generelle Datenlage ist zu verbessern und die systematische Datenerhebung und -auswertung zu regeln. Sicherheit für Leib und Leben geht vor datenschutzrechtlichen Bedenken.
5. Ein deutliches Mehr an Sicherheit bringt höhere Kosten mit sich und verlangsamt logistische Prozesse.
6. Die technischen Möglichkeiten zur Durchleuchtung von Fracht sind weiterzuentwickeln. Nur so können Sicherheitsstandards weitgehend kostenneutral weiter angehoben werden.
7. Weil es weder nach europäischem noch nationalem Recht bislang Vorgaben gibt, Transit- oder Transferfracht zu kontrollieren, besteht Handlungsbedarf.

8. Die Zuverlässigkeit der Einhaltung von Sicherheitsstandards in Drittstaaten ist zu überprüfen und bei Feststellung sicherheitsrelevanter Mängel sind Konsequenzen zu ziehen.

9. Hundertprozentige Sicherheit kann es nicht geben, denn vor kriminellen und terroristischen Machenschaften lassen sich weder nationale noch internationale Lieferketten vollständig schützen.

10. Jede Form von Aktionismus schadet der ernsthaften Bearbeitung dieses wichtigen Themas.

Der vorliegende Beitrag befasst sich mit informationeller Sicherheit in der Logistik und im Gesundheitswesen. Es werden mehrere Verfahren vorgestellt, mit denen die erforderliche Authentisierung und Autorisierung der beteiligten Personengruppen wie Passagiere, Patienten, Ärzte, medizinisches und Verwaltungspersonal, Lieferanten, Produktions- und Vertriebsunternehmen sowie der Lieferungen in Form von Containern und Paketen vorgenommen werden kann. Um Vertraulichkeit der Daten aufrecht zu erhalten und aus Datenbetrug resultierende Straftaten zu verhindern, ist beidseitige Authentisierung von kritischer Bedeutung. Sie wird gewöhnlich durch dritte Personen bzw. Institutionen gewährleistet, die Autorisierungen mittels Zertifizierung durchführen. Die EU erließ dazu 2010 die Verordnung (EU) Nr. 185/2010, in der der Begriff des *bekannten (vertrauenswürdigen) Versenders* eingeführt wurde [4].

2 Lösungsansatz für die Logistik

Aufgrund gesetzlicher Bestimmungen und des zunehmenden Gefährdungspotentials müssen Transporteinheiten, insbesondere vor ihrer Verladung auf Flugzeuge oder Schiffe, auf Sprengstoff durchsucht werden. Das bedeutet zusätzlichen Aufwand, der in Lieferketten sogar mehrfach erforderlich werden kann und so die Transportkosten erhöht und logistische Prozesse verlangsamt. Um mehrfache Durchsuchungen von Transporteinheiten nach ihrem ursprünglichen Beladen zu vermeiden, wurden in den Verordnungen (EG) Nr. 648/2005 [3] und Nr. 185/2010 [4] die Konzepte *zugelassener Wirtschaftsbeteiligter, bekannter Versender* sowie *reglementierter Beauftragter* für Produzenten, Distributoren und Versandzentren, insbesondere Luftfrachtzentren eingeführt. Weil diese Unternehmen bzw. Personen für Frachttransporte haften, obliegt es ihnen, ihre Warendistribution unter Beachtung der geltenden Sicherheitsvorschriften sowohl in den eigenen Unternehmen als auch in den gesamten Geschäftsprozessen durchzuführen. Um ihren jeweiligen Status aufrecht zu erhalten, müssen diese Unternehmen die Sicherheitsvorgaben nachhaltig erfüllen und unangekündigte Inspektionen der EU und nationaler Aufsichtsbehörden zulassen. Bekannte Versender und reglementierte Beauftragte sind in einer Datenbank der EU vermerkt.

Das Kernproblem der Authentisierung und Autorisierung von bekannten Versendern verschickter Transporteinheiten besteht darin, diese ohne großen Aufwand als solche erkennen und schnell weiterleiten zu können. Zwar werden Rückfragen an die EU-Datenbank der bekannten Versender über sichere Informationskanäle abgewickelt, jedoch werden die Daten über und an den Transporteinheiten weiterhin ungesichert übertragen. Gedruckte ein- (Strichcode) oder zweidimensionale (QR-Code) Identifikatoren können leicht gefälscht und/oder ausgetauscht werden.

2.1   Rechtliche Rahmenbedingungen und Stand der Technik

Die Verordnung (EU) Nr. 185/2010 [4] beschreibt die von einem Versender zu erfüllenden Bedingungen, um als bekannter Versender anerkannt zu werden, und legt die Maßnahmen fest, die er zur Sicherung eigener und in Transit befindlicher Transporteinheiten durchführen muss [5]. Wie bereits erwähnt wird bei eintreffenden Transporteinheiten seitens des reglementierten Beauftragten oder des Luftfrachtspediteurs der Status des Versenders geprüft und die Transporteinheiten werden dann dementsprechend behandelt. Wenn es sich dabei nicht um Transporteinheiten eines bekannten Versenders im Sinne der Verordnung (EU) 185/2010 handelt, so unterliegen die Transporteinheiten allen vorgeschriebenen Sicherheitsvorkehrungen. Anderenfalls entfallen sämtliche Sicherheitsmaßnahmen und die Transporteinheiten können schneller weitergeleitet werden. Rückfragen werden dann an die EU-Datenbank der bekannten Versender gerichtet, die den aktuellen Status aller bekannten Versender beinhaltet.

2.2   Automatische Authentisierung von Transporteinheiten

Aufgrund der so umrissenen rechtlichen Rahmenbedingungen ist es zur Beschleunigung logistischer Prozesse und zur Kostenersparnis wünschenswert, eingehende Transporteinheiten bekannten Versendern zuordnen zu können – und zwar automatisch. Grundlage eines Verfahrens zur Automatisierung des Prozesses der Authentisierung von Transporteinheiten ist, letztere durch relativ lange Bitketten eindeutig zu identifizieren und mit zusätzlichen Autorisierungsdaten zu versehen, die auf verplombt angebrachten RFID-Chips gespeichert werden und von außen ablesbar sind. Zum Schutz der Inhalte der Transporteinheiten und ihrer RFID-Chips sind die an den Öffnungen der Transporteinheiten angebrachten Plomben mit zwei Sabotageschaltern ausgestattet, die ausgelöst werden, wenn ein Etikett entfernt oder eine Transporteinheit geöffnet wird. Zur Sicherung aller die physischen Transporte begleitenden elektronischen Datenübertragungen zwischen reglementierten Beauftragten, z.B. Spediteuren, Frachtzentren und Fluggesellschaften, und bekannten Versendern werden Einmalschlüssel in Nachrichtenlänge eingesetzt. Synchroner Ablauf des Autorisierungsprotokolls bei jeweils zwei Beteiligten stellt sicher, dass jeder Schlüssel nur einmal benutzt wird und immer ein neuer Schlüssel bereitsteht.

Das so skizzierte Verfahren zur Authentisierung und Autorisierung von Transporteinheiten bekannter Versender läuft in folgenden Schritten ab (vgl. Abb. 1).

1. Bevor ein bekannter Versender eine Transporteinheit an einen reglementierten Beauftragten verschickt, kündigt er dies letzterem durch Übermittlung der Identifikation der Transporteinheit und von Plausibilitätsdaten an.

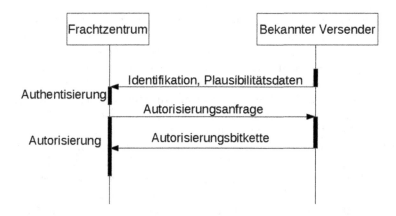

Abb. 1. Protokoll der automatisierten Autorisierung von Transporteinheiten

2. Bei Eintreffen der Transporteinheit im Frachtzentrum des reglementierten Beauftragten wird sie dort authentisiert; ihre Identifikationsdaten werden abgelesen und die Einheit wird aussortiert, sofern sie nicht avisiert worden ist oder ihre Plausibilitätsdaten widersprüchlich sind.
3. Anderenfalls, d.h. sofern die Transporteinheit und ihr Versender korrekt als solche erkannt worden sind, sendet das Frachtzentrum eine verschlüsselte Autorisierungsanfrage an alle dort bekannten und akkreditierten Versender, und zwar verschlüsselt mit dem aktuellen Einmalschlüssel der Kommunikation mit dem bekannten Versender, der die Transporteinheit avisiert hat. Dieser ist als einziger in der Lage, die Nachricht sinnvoll zu entschlüsseln.
4. Dieser bekannte Versender schickt als Antwort auf die Anfrage einen Teil der Autorisierungsbitkette (AC), die das empfangende Frachtzentrum mit der Autorisierungsbitkette der Transporteinheit vergleicht und letztere im Fall autorisiert, dass beide Teile übereinstimmen. Anderenfalls wird davon ausgegangen, dass die Transporteinheit manipuliert wurde, weshalb sie als nicht vertrauenswürdig aussortiert wird.

3 Lösungsansatz für das Gesundheitswesen

Der zweite nun vorgestellte Lösungsansatz ist dazu gedacht, Vertraulichkeit und korrekte Zuordnung personenbezogener Daten zu erreichen, wie sie insbesondere in der öffentlichen Verwaltung und im Gesundheitswesen in großer Menge erfasst, verarbeitet und gespeichert werden. Lösungen unter Verwendung der RFID-Technik sind hier zwar denkbar, jedoch unpraktisch. Statt RFID-Implantate zu entwickeln und einzusetzen, empfiehlt es sich, auf sichere biometrische Authentisierungsmittel zurückzugreifen, da jeder seine biometrischen Charakteristika ohnehin ständig mit sich trägt und sie somit nicht leicht verlieren und/oder missbrauchen kann. Der Einsatz biometrischer Verfahren bietet sich auch deshalb an, weil einige in der Medizin ohnehin schon zu diagnostischen Zwecken genutzt werden und die entsprechenden Geräte somit bereits vorhanden sind. Man braucht sie nur noch sinnvoll einzusetzen, um die Vertraulichkeit der im Verkehr zwischen Patient und behandelndem Arzt anfallenden Daten aufrecht zu erhalten und den Zugang zu Gesundheitsakten zu sichern.

Biometrie wird als Authentisierungsmittel auch von der Telemedizin und bei Einsatz juxtakorporaler, d.h. am Körper installierter Sensornetze benutzt. Vor allem in Entwicklungsländern und weit entfernten Regionen, wo keine Ärzte vor Ort anwesend sind, zeigt Telemedizin deutliche Stärken, die sich einerseits auf die medizinische Logistik und andererseits auch auf die Qualität der ärztlichen Versorgung positiv auswirken. Hier ist eindeutige Identifikation von Behandler und Behandeltem unabdingbar, weil persönlicher Kontakt nicht möglich ist. Für die Zukunft steht wegen ihrer technischen Möglichkeit zu erwarten, dass Fernheilung an Bedeutung gewinnen wird. In einfacher und günstiger Weise lassen sich damit ärztlicher Rat und Hilfe in schwierigen oder selten auftretenden Fällen von Spezialisten völlig unabhängig von deren Aufenthaltsorten einholen. Deshalb ist dieses Gebiet auch Teil der Agenda Horizon 2020 der Europäischen Union [2].

3.1   Stand der Technik

Gesundheit ist unser höchstes Gut sowohl was unser Wohlbefinden als auch was unsere Arbeitsfähigkeit anbetrifft. Daher sind wir bei ärztlicher Versorgung sehr empfindlich hinsichtlich der Behandlungen selbst, der durchgeführten Therapien und der verschriebenen Medikamente. Wir betrachten unsere Gesundheit als Intimsphäre. Jeder Missbrauch unserer medizinischen Daten kann sowohl hohe Kosten als auch schädliche Rückwirkungen auf unsere Gesundheit haben. Deshalb sollte dem Schutz der Daten über unseren Gesundheitszustand entsprechend hohe Aufmerksamkeit gewidmet werden.

Immer häufiger fallen diagnostische Befunde unmittelbar in elektronischer Form an. Diese Daten werden dann auch elektronisch weitergeleitet und -verarbeitet, bevor ein Arzt eine Diagnose stellen kann. Die Diagnosen sowie alle daraus resultierenden Handlungen werden ebenfalls elektronisch in der medizinischen Patientenakte abgelegt. Auf diese wird von verschiedenen Stellen aus zugegriffen: von Arztpraxen oder Krankenhäusern, um Befunde auszufertigen oder Rezepte auszustellen, bis hin zu Krankenkassen und anderen Versicherungsgesellschaften.

Obwohl der Zugang zu medizinischen Daten gewöhnlich durch Passwörter geschützt ist, passiert es oft, dass ein Terminal kurzfristig frei zugänglich wird oder eine Bedienperson sich ein kompliziertes Passwort aufschreibt und diese Notiz dann noch in der Nähe des Terminals mehr oder weniger ungeschützt aufbewahrt. In der Konsequenz ermöglicht solches Verhalten uneingeschränkten unbefugten Zugang zu unseren Daten, die dann in verschiedensten Weisen missbraucht werden können. Daher wäre es besser, auf ein automatisiertes Authentisierungsverfahren wie bspw. RFID-basierte Smartcards zurückzugreifen. Da Herumtragen solcher Karten jedoch umständlich ist und sich ihr Verlust und Missbrauch nicht ausschließen lässt, bieten sich in der Medizin bereits eingeführte biometrische Verfahren auf der Grundlage unverlierbarer Merkmale zur Authentisierung und Autorisation unmittelbar an.

3.2 Sicherung unmittelbar am Körper erfasster Daten

Biometrische Authentisierung ist die angemessene Art, den Zugang zu medizinischen Informationssystemen zu sichern. Da jeder Mensch seine biometrischen Charakteristika ständig mit sich trägt, ist es nicht möglich, sie zu verlieren und als solche zu missbrauchen. Daher wird biometrische Authentisierung von Personen im öffentlichen Bereich, insbesondere im Gesundheitswesen, generell als sicher und effektiv angesehen. In Kombination damit kann die zu medizinischen Zwecken eingesetzte elektronische Datenverarbeitung ihre Stärken entfalten, und zwar Rückverfolgbarkeit Hand in Hand mit Zugänglichkeit von Daten.

Das Konzept des drahtlosen juxtakorporalen Sensornetzes rund um den menschlichen Körper (Body Sensor Network, BSN) wurde 2002 vorgeschlagen [7]. Die BSN-Technik hat das Potential, die wesentliche Plattform für Telemedizin und mobile Gesundheitssysteme („mHealth") zu werden. Sie wird zusammen mit elektronikbasierten diagnostischen Methoden im Zuge der steigenden Nachfrage nach personalisierter Gesundheitsversorgung stetig weiterentwickelt. An den Körpern von Patienten unmittelbar angebrachte Sensornetze erfassen kontinuierlich Daten über deren physischen Zustand. Diese werden Ärzten zur räumlich und zeitlich versetzten Bearbeitung, und zwar entweder auf Servern gespeichert oder direkt auf ihre individuellen Rechner übermittelt. Gewöhnlich handelt es sich dabei um geplante und periodisch vorgenommene Untersuchungen, die im Resultat zu positiven oder negativen Befunden führen. Tritt ein Notfall ein, so können die Patienten unter ärztlicher Anweisung von qualifizierten Personen an Ort und Stelle behandelt oder in nahegelegene Krankenhäuser eingeliefert werden. Dieser Ansatz eignet sich also überall, wo telemedizinische Methoden sinnvoll anwendbar sind, d.h. an abgelegenen Orten, aber auch am Arbeitsplatz oder zuhause. Abb. 2 zeigt ein vereinfachtes Einsatzszenarium für ein BSN. Sensoren am oder im Körper der behandelten Person und ein Leitknoten werden miteinander vernetzt, um ein Patient und Arzt verbindendes Netz zu bilden. Die erfassten Daten werden im Leitknoten zusammengefasst und über den zentralen medizinischen Server zum behandelnden Arzt übermittelt. Für letzteres können verschiedene Arten von Kommunikationsnetzen verwendet werden.

Die große Diversität der in juxtakorporalen Sensornetzen einsetzbaren Komponenten einerseits und die eingeschränkte Rechenleistung, Speicherkapazität und Energieverfügbarkeit sowie die sehr unterschiedliche und stark applikationsabhängige Komplexität der Bedienoberflächen der BSN-Knoten andererseits erschweren es außerordentlich, nachhaltige Sicherheits- und Schutzmaßnahmen vorzusehen. Symmetrische Kryptographie, bei der die kommunizierenden Parteien einen geheimen Schlüssel wie z.B. einen Fingerabdruck vor jeglicher Kommunikation über einen sicheren Informationskanal austauschen, ist unter den gegebenen Umständen für BSNs eher ein entwicklungsfähiges Konzept als asymmetrische Kryptographie, deren Mechanismen zusätzliche Rechenleistung und Kapazität der Kommunikationskanäle erfordern. Vor dem Einsatz ist in diesem Fall jeder neue Sensor eines solchen Netzes mit den anderen zu verkoppeln, was manuell aufwendig ist, jedoch relativ einfach automatisiert werden kann.

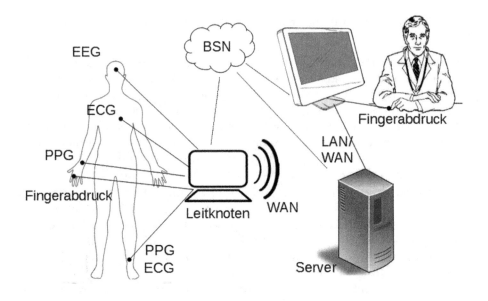

Abb. 2. Einsatzszenarium für juxtakorporale Sensornetze

Der menschliche Körper verfügt physiologisch und biologisch über charakteristische Merkmale, die sich zur Kennzeichnung und Sicherung der Kommunikationskanäle in juxtakorporalen Sensornetzen nutzen lassen [8]. Diese können sowohl zur Sicherung telemedizinischer und von mHealth-Anwendungen als auch zur gegenseitigen Authentisierung der Sensoren in einem BSN verwendet werden, die anhand der biometrischen Charakteristiken eine Person eindeutig zu identifizieren und Verwechselungen auszuschließen erlauben. Auf der Grundlage dieser Idee wurden unter Verwendung zeitlich variabler physiologischer Signale zur eindeutigen Identifikation und zu sicherem Schlüsselaustausch einige ressourceneffektive Sicherheitslösungen für juxtakorporale Sensornetze entwickelt [7]. Die dabei eingesetzten biometrischen Merkmale sollten wie in traditionellen biometrischen Systemen die Eigenschaften Allgemeingültigkeit, Unterscheidbarkeit, Beständigkeit, Effektivität, Unverletzlichkeit usw. besitzen. Andererseits sollten die physiologischen Charakteristika zeitlich-dynamisches Verhalten aufweisen, um sichere Schlüsselübertragung in BSNs zu gewährleisten.

In [7] werden physiologische Signale des menschlichen Körpers, z.B. geliefert von einem Elektrokardiographen oder einem Plethysmographen, dazu benutzt, einen Entitätsidentifikator für jeden Knoten eines juxtakorporalen Sensornetzes zu deren Identifikation und späterer Sicherung des Informationsaustauschs zwischen den Knoten zu erstellen. Diese biometrische Lösung basiert auf der Tatsache, dass gleichzeitig generierte Identifikatoren derselben Person einander sehr ähnlich sind und deshalb als Alleinstellungsmerkmal für die Identifikation der

Knoten an der Person verwendet werden können. Zum gleichen Zwecke lassen sich auch Fingerabdrücke oder Muster in Elektrokardiogrammen [9] einsetzen.

Für den sicheren Datenaustausch zwischen einem BSN-Knoten oder einem Terminal bei einem Arzt, in einem Krankenhaus oder bei einer Versicherungsgesellschaft einerseits und einem medizinischen Server andererseits ist beidseitige Authentisierung nötig. Dazu erweist sich das schon für die Logistik vorgestellte Autorisierungsprotokoll auch hier als geeignete Lösung. Der BSN-Knoten oder jedes andere Terminal, von wo aus Daten mit dem medizinischen Server ausgetauscht werden, übernimmt dabei die Rolle des bekannten Versenders und der Server die Rolle des Frachtzentrums. Das Verfahren zur biometrischen Authentisierung und Autorisierung zwischen einem Knoten eines juxtakorporalen Sensornetzes oder einem Datenterminal läuft in folgenden Schritten ab, wobei der Begriff Knoten sowohl BSN-Knoten als auch Terminals bezeichne.

1. Bevor ein Knoten einen Datenaustausch mit einem medizinischen Server startet, kündigt er dies dem Server durch Übermittlung seines Identifikators und von Plausibilitätsdaten an, verschlüsselt mit dem aktuellen Einmalschüssel der Kommunikation zwischen Knoten und Server.
2. Die Plausibilität der eintreffenden Anfrage wird überprüft. Sofern die Plausibilitätsdaten widersprüchlich sind, wird die Kommunikation abgebrochen.
3. Anderenfalls, d.h. wenn der Knoten positiv identifiziert wurde, sendet der Server eine verschlüsselte Autorisierungsanfrage an alle ihm bekannten und akkreditierten Knoten, und zwar verschlüsselt mit dem aktuellen Einmalschlüssel der Kommunikation mit dem anfragenden Knoten. Dieser ist damit als einziger in der Lage, die Nachricht sinnvoll zu entschlüsseln.
4. Dieser Knoten beantwortet die Anfrage mit seinem Entitätsidentifikator, z.B. Fingerabdruck des Patienten oder des Operateurs, den der empfangende Server mit seiner Datenbank abgleicht und die Kommunikation mit dem Knoten im Falle der Übereinstimmung beider Identifikatoren autorisiert. Anderenfalls wird der Knoten als manipuliert angenommen, weshalb die Kommunikation als nicht vertrauenswürdig abgebrochen wird.

Bei erfolgreicher Autorisierung eines BSN-Knotens oder Terminals wird in der Datenbank des Servers die elektronische Patientenakte geöffnet, mit der im weiteren Verlauf der Kommunikation bis zu deren normalem Abschluss diagnostische Daten verschlüsselt mit den aktuellen Einmalschlüsseln der Kommunikation zwischen Knoten und Server ausgetauscht werden. Wird die Übertragung unterbrochen, so muss sie unter Verwendung desselben Protokolls erneut aufgebaut werden. Falls sich die Autorisierung auf ein Terminal bezieht, verläuft die weitere Kommunikation mit dem Server ebenso, nur ist in diesem Fall darauf zu achten, nach jeder Anfrage die Verbindung nach einer bestimmten Zeit automatisch abzubrechen, damit sie dann explizit wieder neu aufgebaut werden muss. Bei einer Direktverbindung eines BSN-Knotens mit einem Terminal, wie sie in der Telemedizin erforderlich ist, muss das Terminal selbst die Möglichkeit haben, das Autorisierungsprotokoll und den späteren verschlüsselten Datenaustausch durchzuführen.

4 Zusammenfassung

Mit der zunehmenden Informatisierung unseres Alltags, die sich darin ausdrückt, dass das Internet auch über mobile Geräte dazu genutzt werden kann, alltägliche Transaktionen wie Vereinbarung von Arztterminen, Buchung von Bahnfahrkarten und Flugtickets oder Bestätigung von Paketannahmen u.v.a.m. durchzuführen, steigt auch der Bedarf an Sicherheit der so genutzten Dienste und an Vertraulichkeit der in Zusammenhang mit ihnen übertragenen, gespeicherten und bearbeiteten Daten.

Im vorliegenden Beitrag wurden Ansätze zum Schutz der in zwei besonders sicherheitskritischen Anwendungsbereichen – Logistik und Gesundheitswesen – anfallenden Daten vorgestellt mit dem Ziel, ein Umfeld zur sicheren Erfassung und Speicherung der Daten sowie zum vertraulichen Umgang mit ihnen für beide Anwendungsgebiete zu schaffen. Mit den beschriebenen Methoden ist sichere Authentisierung und Autorisierung der beteiligten Personen und von Transporteinheiten erreichbar. Die Methoden lassen sich leicht auf andere Bereiche und ähnliche Anwendungen, z.B. in der öffentlichen Verwaltung oder bei der Fernsteuerung automatisierter Anlagen und Betriebe, übertragen.

Literaturverzeichnis

1. Bundesvereinigung Logistik: Hintergründe zur Luftfrachtsicherheit und Schlussfolgerungen der BVL. http://www.bvl.de/thema/archiv/luftfrachtsicherheit, 2010
2. Europäische Kommission: Digital Security: Cybersecurity, Privacy and Trust. http://ec.europa.eu/research/participants/portal/desktop/en/opportunities/h2020/topics/1052-ds-03-2015.html, 2014
3. Europäische Union: Verordnung (EG) Nr. 648/2005 des Europäischen Parlaments und des Rates zur Änderung der Verordnung (EWG) Nr. 2913/92 zur Festlegung des Zollkodex der Gemeinschaften. http://eurlex.europa.eu/LexUriServ/LexUriServ.do?uri=OJ:L:2005:117:0013:0019:de:PDF, 2005
4. Europäische Union: Verordnung (EU) Nr. 185/2010 der Kommission zur Festlegung von detaillierten Maßnahmen für die Durchführung der gemeinsamen Grundstandards in der Luftsicherheit. http://eurlex.europa.eu/LexUriServ/LexUriServ.do?uri=OJ:L:2010:055:0001:0055:DE:PDF, 2010
5. Irish Aviation Authority: Guidance for known consignors. https://www.iaa.ie/media/GUIDANCEFORKNOWNCONSIGNORS1.pdf
6. Mayer, C.: How Secure Are Your Medical Records? http://www.forbes.com/sites/nextavenue/2013/12/27/how-secure-are-your-medical-records/, 2013
7. Miao, F., Bao, S., Li, Y.: New trends and developments in biometrics: Physiological Signal Based Biometrics for Securing Body Sensor Network. In Tech, 2012
8. Poon, C.C., Zhang, Y.T., Bao, S.D.: A Novel Biometrics Method to Secure Wireless Body Area Sensor Networks for Telemedicine and M-Health. *IEE Communication Magazin*, S. 73–81, 2006
9. Thomson, I.: Bionym bracelet promises to replace passwords with ECG biometrics. http://www.theregister.co.uk/2013/09/04/bionym_bracelet_promises_to_replace_passwords_with_ecg_biometrics/, 2013

Mobile Echtzeitkontrolle von Kommunikationskanälen

Mario Kubek, Witsarut Suwanich und Krittapat Wongyaowaruk

Fakultät für Mathematik und Informatik
FernUniversität in Hagen, 58084 Hagen
kn.wissenschaftler@fernuni-hagen.de

Zusammenfassung. Endgeräte der Automatisierungstechnik verfügen i. Allg. über eine Reihe von Kommunikationskanälen, die sich bzgl. Geschwindigkeit, Kosten und Verfügbarkeit stark unterscheiden. Die Übertragung sensitiver Daten im Bereich mobiler Steuerungs- und Überwachungstechnik erfordert daher eine Onlinekontrolle unter Realisierung einer hohen Ausfallsicherheit. Ein echtzeitfähiges Verfahren hierzu wird vorgestellt, das neben der Fehlertoleranz auch zur erhöhten Sicherheit der Datenübertragung beitragen kann.

1 Motivation

Bestehende Lösungen der Automatisierungs- und Überwachungstechnik nutzen in letzter Zeit verstärkt drahtlose, funkbasierte Kommunikationskanäle, die weder eine hinreichende Übertragungsqualität noch eine – insbesondere im Extremfall – hohe Ausfallsicherheit bieten und garantieren.

Mesh- und Adhoc-Netzwerke [1,2] waren ein erster Schritt, geographisch verteile Funktionalitäten diesbezüglich zu verwalten. Sie bieten jedoch nur eine sehr beschränkte Funktionalität, d.h. meist lediglich ein adaptives Routing [3] über ein einziges Kommunikationsmedium an. Insbesondere ist eine adaptive, kontextspezifische Verwaltung und Bedienung von Ressourcen mit ihnen kaum möglich.

Im Rahmen der Arbeiten der Autoren wurde zur Verbesserung dieser Situation – insbesondere mit Hinblick auf die Hochverfügbarkeit – eine Hardwareplattform entwickelt, die i. W. auf der Nutzung von (entkernten, second-hand) Mobiltelefonen beruht, die typischerweise mit Wi-Fi, Bluetooth, GPRS/UMTS/HSPA (GSM/3G) und SMS als frei wähl- und nutzbare redundante Kommunikationskanäle ausgestattet sind. Allerdings ist eine kombinierte oder alternative Nutzung i. Allg. nicht vorgesehen oder umgesetzt.

Eine der ersten, sicherheitsrelevanten Anwendungen dieser Geräte waren Überwachungskameras, die über eine Lokation verteilt werden können und im Gegensatz zu bislang handelsüblichen Geräten (z.B. der Plug&Play Network Camera C903IP.2 [4]) zumindest über einen längeren Zeitraum batteriebetrieben, autonom arbeiten und Bilder an einen typischerweise sich nicht auf dem zu überwachenden Gebiet befindlichen Server zunächst kabellos (und damit relativ angriffssicher) und ab dem Router via DSL übertragen. Als eine weitere

Anwendung dieser Art sind autonom arbeitende Fahrgastinformationssysteme wie die dynamische Fahrgastanzeige „DFI LCD" der Firma EPSa [5] zu nennen, welche mit einer GSM/GPRS-basierten Funkschnittstelle zur Datenübertragung ausgestattet ist.

Defizite gibt es jedoch im Bereich der Fehlertoleranz der Kommunikation: lediglich zwischen Wi-Fi und den GSM/3G-Protokollsuiten erfolgt bislang im Fall des Wi-Fi-Trägerausfalls eine automatische Umschaltung [6]. Diese wiederum berücksichtigt allerdings nur den Totalausfall des lokalen Netzes bzw. Trägers, nicht aber die Verfügbarkeit des Internets via Router oder aber die Garantie einer minimalen Übertragungsrate. Die Aufnahme von Serverantwortzeiten in Abb. 1 zeigt deutlich, dass es bei dieser Übertragungsstrecke deutliche (u.a. tageszeitbedingt bis zum Faktor 5–10) Unterschiede in der Qualität des Services gibt, die ggf. auch den Totalausfall der Verbindung z.B. beim Versagen des lokalen DNS-Servers einschließen können.

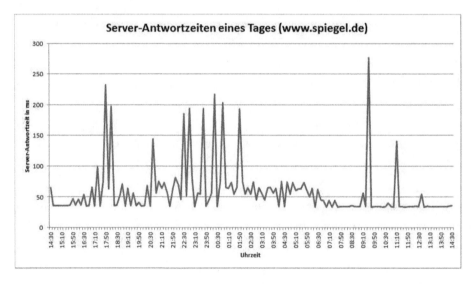

Abb. 1. Tageszeitbedingte Schwankungen der Übertragungszeiten für ein bestimmtes File

In [7] wird die Nutzung alternativer Kanäle zur Beschleunigung der Datenübertragung vorgeschlagen. Bedingt durch den Flaschenhals WLAN/DSL-Router kann diese jedoch in vorliegendem Szenario nur bei Verfügbarkeit des WLAN erfolgen.

Neuere mobile Anwendungen, die typischerweise ein sich selbstorganisierendes, kontext- und ortsabhängiges Dienstemanagement enthalten, erfordern allerdings mehr und mehr auch verstärkte Aufmerksamkeit auf Sicherheitsaspekte und das Management von Nutzerrollen.

Hierbei geht es vor allem darum, Nutzer und Geräte, die nie vorher miteinander kommuniziert haben, eindeutig zu authentifizieren, ihnen einen sicheren Zugang zu Kommunikationskanälen zu ermöglichen und auf der Basis der Erkennung des Kontextes die richtigen Informationen und Aktionsmöglichkeiten zur richtigen Zeit zur Verfügung zu stellen. Eine erster Systemdienst hierzu ist die Adaption von Zugangsrechten über einen sicheren, alternativen Kanal ebenso, wie das sichere Management von Passwörtern, WPA-Schlüsseln und Zugangsdaten. Hierzu kann im einfachsten Fall der GSM/3G-Kanal mit seiner (in Deutschland) durch SIM-Karten eindeutigen Nutzerauthentifizierung genutzt werden. Paybox [8] ist hierbei ein erstes Beispiel, wobei die reine Nutzerauthentifizierung über ein sicheres Zweitnetzwerk bereits genutzt wird. Durch die hier vorzustellende App *ChannelSwitcher* [9] kann dieses Konzept einfach übernommen und erweitert werden.

Ferner soll für den ChannelSwitcher ein Kommunikationskonzept entworfen werden, in dem ein stationärer Agent auf jedem Gerät die Überwachung der Kommunikation der Einzelgeräte übernimmt und ggf. in Kooperation mit Nachbargeräten die Datenübertragung organisiert, wozu dieser Agent in Echtzeit **alle** verfügbaren Kanäle überwachen, heterogen Netzwerke organisieren und die Kommunikation über sie geeignet umschalten kann.

2 Umsetzung des ChannelSwitchers

2.1 Spezifikation

Der ChannelSwitcher ist eine im Hintergrund des Android-Gerätes laufende Applikation, die folgende (einfache) Funktionalität erfüllt:

1. Periodische Analyse der Verfügbarkeit der Kanäle und der Überprüfung der durch die Kommunikation verursachten Kosten und Parameter, im einfachsten Fall durch Testen der mittleren Bandbreite mit Hilfe der mittleren Roundtripzeiten im PING-Protokoll.
2. Treffen einer Entscheidung über eine adaptive Umschaltung zwischen verschiedenen Verbindungsvarianten (z.B. zwischen Wi-Fi und GSM/3G) in beide Richtungen in Echtzeit bei Ausfall einer Verbindung oder Unterschreiten einer bestimmten Servicequalität/Übertragungszeitgrenze. Hierbei kann prinzipiell ein Ranking oder eine multikriterielle Entscheidung nach Kosten, Geschwindigkeit und Verfügbarkeit erfolgen.
3. Organisieren einer adaptiven und skalierbaren Kommunikationsinfrastruktur (z.B. auch Generierung eines Zugriffspunktes durch Hotspotfunktion für benachbarte Knoten ohne GSM/3G-Zugang) inklusive der Klärung der Zugriffskonflikte
   - Wi-Fi-Netzzugangstest und Hotspotfunktion
   - Aushandeln der Zuschaltung multipler Netzzugänge eines oder verschiedener Netztypen in Echtzeit.
4. Aktivierung und Deaktivierung von Schnittstellen benachbarter Kommunikationspartner bei Bedarf (z.B. Wake-on-BT, SMS, etc.) sowie evtl. Anbindung drahtgebundener Medien

2.2 Implementierung

Die Kernfunktionalität des realisierten ChannelSwitchers zeigt das in Abb. 2 dargestellte Ablaufdiagramm.

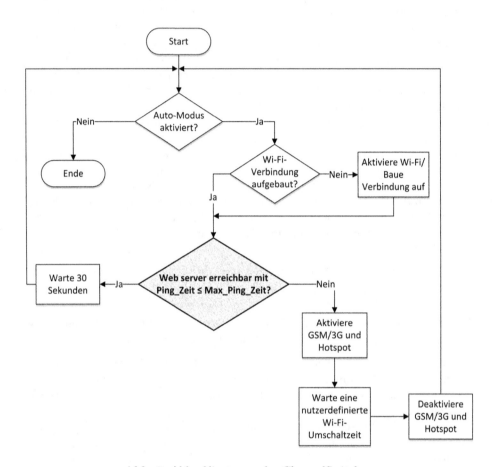

Abb. 2. Ablaufdiagramm des ChannelSwitchers

Die erste implementierte Anwendung wurde bewusst einfach gehalten, um einen stabilen Betrieb zu gewährleisten und erlaubt lediglich die genannte Umschaltung zwischen Wi-Fi und GSM/3G mit Auswahl einiger Parameter durch den Nutzer. Abb. 3 zeigt die entsprechende Nutzeroberfläche, die bei Arbeit im Vordergrund auf dem Bildschirm erscheint. Im Normalfall ist sie ausgeblendet und der Zustand des Kommunikationssystems wird lediglich in der Iconleiste am oberen Rand des Bildschirms dokumentiert. Entwickelt wurde die auch im AppStore (Google Play) [9] zur Verfügung stehende Applikation vor allem für SAMSUNG Mobiltelefone, sie ist jedoch auf allen Android-basierten Geräten ab Android Version 2.3 lauffähig.

Abb. 3. Screenshot des ChannelSwitchers auf einem SAMSUNG-Mobiltelefon

2.3   Erweiterungen

Es ist sofort einsichtig, dass auch ein adaptiver P2P-Betrieb prinzipiell zu realisieren ist und ein Ad-hoc-Netzwerk einfach aufbaubar wäre. Hierbei verbinden
sich mehrere Mobiltelefone, wobei sie gleichzeitig Sender, Empfänger oder Router für Informationen sein können. Dabei können durchaus auch größere Gebie-
te abgedeckt werden, als durch einen einzelnen Router oder Hotspot. Bis auf
wenige Hersteller wird diese Funktion jedoch nicht unterstützt, d.h. Hotspot-
oder Wi-Fi-Clientfunktion schließen sich wechselseitig aus; der gezeigte ChannelSwitcher wird in zukünftigen Versionen auch hier den Funktionsumfang des
Mobiltelefons erweitern und einen Einsatz z.B. als Datenrelaisstation ermöglichen. Gleichzeitig kann auch ein wechselseitiger und regelmäßiger Austausch
von Statusinformationen zum Test der Verbindungsqualität sowie hierarchisches
Routing von Steuersignalen zwischen benachbarten Mobiltelefonen umgesetzt
werden (d.h. zunächst Versuch im Nah- und mittleren Bereich eine Verbindung

zu etablieren, dann ggf. Aktivierung des Weitverkehrsfunks). Hierbei kann ein heterogenes Netzwerk erzeugt werden, d.h. Geräte im Nahbereich werden über Bluetooth und Wi-Fi versorgt, während im selben Netzwerk größere Entfernungen über GSM/3G-basierten Wi-Fi-Hotspots abgedeckt werden (s. Abb. 4).

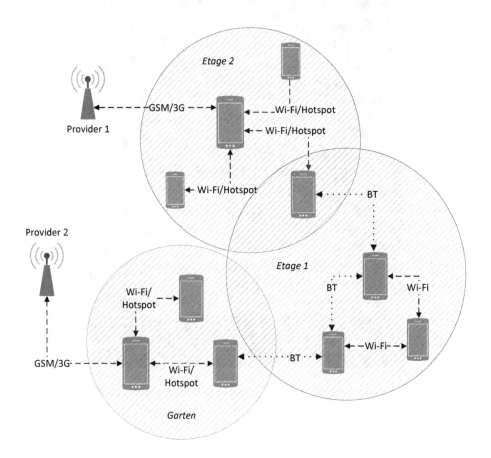

Abb. 4. Heterogene Kommunikationsarchitektur

Von Vorteil ist hierbei, dass

- Geräte mit minimal notwendiger Sendeleistung vernetzt werden können,
- eine Beschleunigung der Kommunikation durch die Nutzung multipler Internetzugänge (z.B. durch mehrere GSM/3G-Zugänge) sowie eine Optimierung des Routings erzielt werden können,
- eine bislang nicht erreichte Fehlertoleranz gewährleistet werden kann und
- die für den Angreifer nicht transparente Auswahl des Kommunikationsmediums zusätzlich zu einer Erhöhung der Sicherheit beitragen kann.

Mit der beschriebenen Erweiterung der Möglichkeiten der Kommunikationsarchitektur ergibt sich automatisch die Frage, wie eine optimale Entscheidung bei der Wahl des Kommunikationsmediums lokal getroffen werden kann; die Entwicklung derartiger Verfahren muss daher Gegenstand zukünftiger Forschungen sein.

3 Dienstemanagement

In einem flexiblen, hochdynamischen Netzwerk spielt gleichzeitig das Dienst- und Kommunikationsmanagement in Echtzeit eine große Rolle. Eine Anwendung wie der ChannelSwitcher könnte hierbei die zentrale Rolle spielen, da er auf Grund seiner Betriebssystemnähe Kenntnis sowohl über alle laufenden Applikationen als auch Hardware- und Kommunikationsressourcen hat. Dies ermöglicht z.B. folgende weitere Dienste:

1. Alternative (dritte) Kommunikationskanäle verschiedener Anbieter können als Wege zum sicheren Austausch von Schlüsseln benutzt werden. So kann z.B. ein Mechanismus einfach implementiert werden der über GSM/3G sicher die Verteilung von Netzschlüsseln (z.B. WPA-Keys) übernimmt. Denkbar wäre hier auch eine Festlegung bzw. pseudozufällige Synchronisation der Umschaltzeitpunkte.
2. Permanente Datenströme können für die Zeit der Umschaltung bzw. kurzer Ausfälle durch den ChannelSwitcher kurzzeitig gepuffert bzw. zwischengespeichert werden.
3. Datenspeicher können dynamisch auf verschiedenen Geräten gemäß der Ressourcenlage angelegt werden. Als Nebeneffekt tritt durch die unbekannte Lokation der Daten eine Verbesserung der Datensicherheit ein.
4. Interaktion mit Anwendungen zur Bestimmung von Umschaltzeitpunkten und/oder zur Adaption der Arbeitsweise der Anwendungen (z.B. zur Adjustierung der Auflösung zu übertragender Bilder oder Videosequenzen in Abhängigkeit von der Kanalbandbreite)

Weitere Überlegungen gehen dahin, die Arbeit des ChannelSwitchers mit einem zentralen Server zu koordinieren, um ggf. dynamisch Zugriffs- und Kommunikationsrechte an Nutzer im Einzugsbereich des Netzwerkes zu vergeben.

4 Zusammenfassung

Ein einfacher erweiterbarer Controller für Mobiltelefone wurde vorgestellt, der eine effektive und simultane Verwaltung aller zur Verfügung stehenden Kommunikationskanäle des Gerätes erlaubt. Dabei wird für den Verbindungsaufbau jeweils die effektivste Form der Datenübertragung gewählt. Zahlreiche Erweiterungen lassen ebenso einen adaptiven und skalierbaren Infrastrukturaufbau zu; umfangreiche Forschungen hierzu sind in Zukunft notwendig. Erste Anwendung findet die beschriebene Lösung im Rahmen von Videoüberwachungsanlagen für Gebäude im Zusammenhang mit der App *PowerCam* [10].

Literaturverzeichnis

1. Akyildiz, I. F.; Wang, X.; Wang, W.: *Wireless Mesh Networks: A Survey*. In: 'Computer Networks and ISDN Systems', Vol. 47, Issue 4, pp. 445–487, Elsevier Science Publishers B. V. Amsterdam, The Netherlands, 2005

2. Basagni, S.; Conti, M.; Giordano, S.; Stojmenovic, I.: *Mobile Ad Hoc Networking: The Cutting Edge Directions*. Wiley-IEEE Press, 2013

3. Lertsuwanakul, L.: *Multiple Criteria Routing Algorithms in Mesh Overlay Networks*. PhD thesis, FernUniversität in Hagen, 2011

4. Webseite der ELRO Plug&Play Netzwerkkamera C803IP.2: http://www.elro.eu/en/products/cat/security/network-camera/fixed-camera/plug-play-network-camera3, 2014

5. EPSa GmbH, Dynamische Fahrgastanzeige „DFI LCD ", http://www.epsa.de/de/produkte6.php?fid=e7f6bec1b8afe9dba533331035a217b2, 2014

6. Google, Android 3.0 User's Guide, Android mobile technology platform 3.0, http://www.google.com/help/hc/pdfs/mobile/AndroidUsersGuide-30-100.pdf, 2011

7. Wulff, M.; Unger, H.: *Message Chains and Disjunct Paths for Increasing Communication Performance in Large Networks*. In: 'Distributed Communities on the Web', Lecture Notes in Computer Science 1830, Proceedings des Workshops DCW 2000, Springer, Berlin-Heidelberg-New York, 2000

8. Webseite von Paybox: https://www.paybox.at/, 2014

9. App ChannelSwitcher im Google Play Store, https://play.google.com/store/apps/details?id=com.sws.channelswitcher, 2014

10. App PowerCam im Google Play Store, https://play.google.com/store/apps/details?id=com.sws.powercam, 2014